중독과의 이별

믿음이란 한 알의 밀알이 땅에 떨어져 죽음으로 많은 열매를 맺음과 같이
진리의 열매를 위하여 스스로 죽는 것을 뜻합니다. 눈으로 볼 수 없으나
영원히 살아 있는 진리와 목숨을 맞바꾸는 자들을 우리는 믿는 이라고 부릅니다.
「믿음의 글들」은 평생, 혹은 가장 귀한 순간에 진리를 위하여 죽거나 죽기를 결단하는
참 믿는 이들의, 참 믿는 이들을 위한, 참 믿음의 글들입니다.

중독과의

노상헌 지음

그리고 중독

뇌와 영성

이별

홍성사

■ **일러두기** ──── 이 책의 성경 본문은 개역개정판을 사용하였습니다.

사랑하는 아내와 두 아들 그리고
우리를 있게 하신 부모님들께

임상심리학자이자 목회자인 저자는 상담에서 만난 수많은 중독자들의 삶에 대한 공감적 이해와, 치유 과정에 동행하며 얻은 깊은 통찰력을 이 책에서 제시하고 있습니다. 이 책의 가장 큰 매력은 중독 전문가로서의 해박한 지식과 생생한 상담 경험이 어우러져 독자들에게 중독에 대한 깊은 이해를 갖게 해준다는 점입니다. 저자는 스스로를 중독 치유전문가이자 중독자로서 소개하기를 서슴지 않으며, 자신이 겪은 긴 치유의 과정을 함께 밝히고 있습니다. 독자들은 이 책을 읽으면서 본인 혹은 가족의 중독적 삶을 새로운 시각으로 바라보며, 이를 극복할 수 있는 해답을 얻을 수 있을 것입니다.

권정혜_고려대학교 심리학과 명예교수

저자는 '중독 공화국 대한민국', '모두가 병들었는데 아무도 아프지 않은 사회', '중독은 이제 어느 누구의 문제가 아니라 우리 전부의 문제'라고 통찰하고 있습니다. 중독의 보편성을 보다 깊이 체감하는 데 도움이 되는 내용입니다. 중독으로 무너진 하나님의 일꾼들과 그들의 가족, 우리 이웃들에게 용서와 회복을 주는 저술입니다. 그리고 예방적 차원에서 도움이 되는 책입니다. 이에 적극적으로 추천합니다.

김인중_안산동산교회 원로목사, 안산동산고등학교 설립이사장

우리의 삶을 노예 삼는 다양한 중독에서 자유로워져서 하나님과 나와 이웃을 진정으로 사랑하기 원하는 모든 분들에게 이 책을 적극 추천합니다. 저자는 뇌 과학을 비롯한 심도 있는 심리학적 지식과 치료 현장의 생생한 사례들, 그리고 저자 자신의 치유와 회복의 여정을 진솔하게 나눔으로써 중독에서 자유로워지는 참된 영성의 길로 안내하고 있습니다. 20여 년 전 시카고 휘튼대학교에서 저자와의 만남 이후 저는 그 안내를 받는 축복을 누리고 있으며, 이 책을 읽는 여러분과 그 축복을 나누고 싶습니다.

김혜정_한동대학교 교수

임상심리학 박사이면서 중독 치유전문가로서 저자만의 독특한 임상과 목회 경험을 바탕으로 중독 현상을 신체적, 정신적, 영적 측면에서 날카롭고 섬세하게 분석하고 있습니다. 동시에 중독에서 해방될 수 있는 방법 또한 매우 실제적이며 뛰어난 통찰력으로 잘 전달하고 있습니다. 이 책은 어느 누구도 중독에서 자유할 수 없는 현대인, 모든 그리스도인을 전인적 치유와 영성의 세계로 인도할 것입니다. 우리의 영적 여정을 인도하는 감동적인 책으로서 모든 그리스도인이 반드시 읽어야 할 필독서라고 생각합니다.

그레이스 K. C. 킴_미국 카이로스대학교 부총장

노상헌 목사님의 잔잔한 목소리를 듣는 듯했습니다. 모든 것을 용납하고 받아 줄 것 같은 목소리입니다. 스스로를 포함, 얼마나 많은 사람들의 내면의 고통과 함께하셨을까요. 우리는 하나님 앞에 어떤 것도 숨길 수 없다는 걸 압니다. 실제로도 그럴까요. 신실하고 건강하고 열매 있는 모습만 보이고 싶지는 않은가요. 그럴 때마다 중독은 바로 곁에서 불쑥 모습을 드러내 상실한 마음을 외면하라고 유혹합니다. 컴패션 어린이들 곁에도 매우 가까이 중독이 도사립니다. 질병과 가난, 재해로 내면의 상처를 가득 안고 있으니까요. 그래서 교회 안에서 예수님 사랑으로 양육하는 것입니다. 치유의 길은 그 길밖에 없으니까요. 노상헌 목사님이 말한 처방전, 예수 중독처럼 말입니다. 성장에 성장통이 필요하듯, 영광된 주님과 깊은 관계로 나아갈 때, 이 책을 통과의례처럼 꼭 관통해 보시기를 추천드립니다.

서정인_목사. 한국컴패션 대표

나라 안팎으로 삶이 너무나 각박합니다. 정체가 불분명한 아픔이 가득한 것을 모두 느끼고 있습니다. 특히 코로나 시대를 지나며 그 현상이 두드러지게 나타나고 있습니다. 이런 환경 가운데 오랜 임상 경험을 가진 전문 '치유사'의 저서《중독과의 이별》은 마음을 녹여 줍니다. "중독은 어느 누구

의 문제가 아니라 우리 전부의 문제"라는 외침이 이 책을 읽어야 하게 만듭니다. 중독의 보편성을 널리 알리며 도움을 주기 원하는 저자는 저술의 이유를 하나님의 유능한 일꾼들이 중독인지도 모르면서 중독으로 쓰러져 가는 모습에 깊은 아픔을 느껴서라고 말합니다. 읽다 보면 내가 바로 그 치유가 필요한 사람이라는 자각을 하게 됩니다. 이 시대를 살아가는 우리에게 특히 지도자들에게 필독을 권합니다.

조용중_글로벌호프 대표, 전 KWMA 사무총장

노상헌 목사님은 한 사람 한 사람에게 깊은 관심을 두고 사역하는 사역자입니다. 동시에 임상심리학자로서 전문적인 지식을 목회 현장에 도입하여, 아픔과 어려움을 가진 사람들을 치유하는 특별하고도 귀한 사역을 해왔습니다. 상처와 절망, 중독으로 어려움에 빠졌던 이들이 말씀과 치유로 회복되는 모습을 보며 한국 교회와 우리 사회에 꼭 필요한 학문이자 사역이라 여겨집니다. 그의 전 생애를 헌신한 이 사역이 이제야 빛을 발하게 되었습니다. 단순히 자료를 통한 연구가 아니라, 삶을 헌신했고 고통을 받는 사람을 돕는 사랑으로 시작한 이 사역의 고백이 한 권의 책으로 출간되어 얼마나 감사한지 모르겠습니다. 《중독과의 이별》, 모두에게 큰 도움이 될 줄로 믿기에 기쁨으로 이 책을 추천하며, 노상헌 목사님의 큰 노고에 진심으로 축하드립니다.

홍정길_남서울은혜교회 원로목사

"중독 없는 사람이 있나요?"

중독 강의를 할 때마다 받았던 질문입니다. 그때마다 "아니요. 본인이 몰라서 그렇지 아마 몇 개씩은 데리고 살 거예요"라고 웃으며 대답하곤 했습니다. 때로는 "목사님은 어떤 중독을 가지고 계세요?"라고 묻는 사람도 있습니다. 그러면 종종 "몸의 가시요"라고 수수께끼 같은 답을 하기도 합니다. 호기심에 불타는 사람들은 거기서 멈추지 않고 "그게 뭔데요"라고 한 발자국 더 다가오죠. 그럼 저는 "사도 바울도 구체적인 언급은 피하셨어요"라고 대답하며 피해 갑니다.

그런데 한번은 "한 가지만이라도 목사님의 중독을 꼭 말씀해 주세요"라고 묻더군요. 그래서 "결코 완벽할 수 없는 율법주의적 완벽주의가 아닐까요"라고 대답했습니다.

대부분 그렇게 끝나는데 가끔 "그게 정말 중독이라고 생각하세요?"라고 항변하듯 질문을 쏟아 내시는 분도 계십니다. 그때 제가 잘 인용하는 성경 구절이 로마서 7장 15절과 24, 25절입니다.

> 내가 행하는 것을 내가 알지 못하노니 곧 내가 원하는 것은 행하지 아니하고 도리어 미워하는 것을 행함이라 … 오호라 나는 곧

고한 사람이로다 이 사망의 몸에서 누가 나를 건져내랴 우리 주 예수 그리스도로 말미암아 하나님께 감사하리로다 그런즉 내 자신이 마음으로는 하나님의 법을 육신으로는 죄의 법을 섬기노라

중독의 성격을 가장 잘 표현하는 성경 구절이라 생각합니다. 임상심리학 박사로서 중독 치유전문가가 되기 전까지 제가 중독자일 수 있다는 것을 상상도 못했습니다. 하나님의 은혜로 목회의 길에 들어섰고 그 과정에서 중독 연구의 기회가 주어져 저도 중독자일 수 있다는 것과 중독이 영적 발돋움에 얼마나 큰 걸림돌이 될 수 있는지도 깨달았습니다.

중독 치유전문가인 앤 새프는 1930년대 미국을 중독 시스템사회로 규명합니다. 그 안에 개인은 물론 다양한 조직도 중독자일 수밖에 없음을 주장합니다. 이후에 활동했던 하버드 출신의 사회학자인 슬레이트 박사 역시 대다수의 미국인들이 중독 상태라고 단언합니다.

대한민국은 어떨까요? 통계적으로 대한민국은 중독 공화국이라는 기사가 떠돈 지 족히 10년은 된 것 같습니다. 최근에 독일인 스승과 한국인 제자가 대한민국을 분석하며 함께 쓴《중독의 시대-대한민국은 포스트 트라우마 중독 사회다》[1]라는 흥미로운 책이 나왔습니다. 이 책은 단순히 중독 현상과 통계치를 넘어 한국 사회 구조와 시스템 차원에서 한국 사회가 이미 중독 사회라고 말하죠. 사회 전체가 마치 알코올 중독자처럼 중독 행위를 하면서 움직이고 있다고

---

[1] 강수돌과 홀거 하이데(Holger Heide) 공저

말합니다.

　이성복 시인의 〈그날〉이란 시에 "모두 병들었는데 아무도 아프지 않았다"라는 글귀가 있습니다. 대한민국이라는 중독 사회에 살면서 '나는 중독자가 아니다'라는 생각보다 오히려 '나도 중독자일 수 있다'라는 인정이 더 희망적이지 않을까요? 중독은 이제 어느 누구의 문제가 아니라 우리 모두의 문제입니다.

　제가 이 책을 쓰게 된 이유는 몇 가지입니다. 하나는 하나님의 유능한 일꾼들이 중독인지도 모르면서 중독으로 쓰러져 가는 모습에 깊은 아픔을 느꼈기 때문입니다. 두 번째, 중독은 영적 삶의 가장 큰 걸림돌이라는 임상적 확신 때문입니다. 중독이 있는 한 영적으로 조그마한 진전도 있을 수 없기 때문입니다. 이미 시중에 나온 좋은 책들이 많지만 중독의 보편성을 보다 깊이 체감하는 데 도움이 되기를 바라며 이 책을 집필하였습니다. 무엇보다도 치유의 현장에서 중독으로 무너진 하나님의 일꾼들과 그 가족들이 겪어야 할 고통과 수치, 그리고 용서와 회복의 기회를 주지 않는 한국 교회의 현실 속에서 예방적 차원의 도움이 되었으면 하는 바람으로 용기를 내게 되었습니다.

　이 글이 나오기까지 은사 홍정길 목사님, 시종일관 함께해 주신 유두영 장로님, 김미선 전도사님, 김지연 권사님, 최은경 권사님, 그림을 그려 준 박문경 자매님, 그리고 따뜻한 열정과 인내로 다듬어 주신 홍성사 박혜란 편집인에게 깊은 감사의 마음을 전합니다.

2021년 5월

차례

중독과의 만남

중독으로부터 완전히 자유할 수 있는 사람은 없습니다.
어떤 형태든지 여러 중독들이 곳곳에 가득합니다.
이런 세상에서 가장 안전하게 우리를 지킬 수 있는 길은
차라리 "나는 중독자입니다"라는 은유가 아닐까요?

진실로 우리는 이해하기에 너무 놀라운

신비와 더불어 살고 있죠.[1]

삶은 하나의 긴 과정으로 바라보아야 할 신비가 아닐까 합니다. "이것이 끝

이구나"라고 단정 지을 때 인생은 또 다른 길로 우리를 이끌어 가지요. 그

길은 경이로움을 일깨워 주는 또 다른 여정이 됩니다. 중독도 그렇습니다.

그래서 이 모두에게 마지막 순간까지 열린 마음으로 이 신비의 길을 걷게

해달라는 기도를 하게 됩니다.

자신들이 답을 갖고 있다고 생각하는 사람들로부터

언제나 멀어지게 하소서. '저것 좀 봐'라고 말하며

경이로움에 놀라 웃으며 머리 조아리는 사람들과

늘 함께하게 하소서.[2]

1. 메리 올리버(Mary Oliver)의 〈신비, 그렇죠〉(Mysteries, Yes) 중에서
    "Truly, we live with mysteries too marvelous to be understood."
2. "Let me keep my distance, always, from those/ who think they
    have the answers.// Let me keep company always with those who
    say/ "Look!" and laugh in astonishment,/ and bow their heads."

1

어느 중독자의 고백

아팠습니다.

어릴 적 관절염으로 땅을 디딜 수 없을 정도로 아팠습니다. 창문에서 들리는, 학교를 오가며 떠드는 친구들의 소리에 고통과 슬픔을 달래며 긴 시간을 보냈습니다. 그런데 그보다 더 아픈 것은 외로움이었습니다.

생계에 늘 급급했던 부모님은 저를 홀로 놔둘 수밖에 없으셨죠. 늦게 오셔서 "배고팠지?" 하며 저녁을 서둘러 준비하시는 어머니의 모습에 깊은 사랑과 연민을 느꼈습니다. 그리고 빨리 자라 어머니에게 큰 기쁨과 보람이 되어 드려야겠다는 생각을 했습니다. 부뚜막에서 밥 짓는 어머니의 모습을 바라보며 저는 그런 목표지향적 '범생이'가 되어 가고 있었습니다. '아, 그놈의 연민과 구원자 멘탈^{savior-mentality}!'

연민憐愍, pity은 상대를 '불쌍하고 가련하게 여기는' 마음으로 좋은 것이죠. 그런데 제가 '아, 그놈의'라는 표현을 쓴 것은 제 연민이 상대방이 아닌 자기연민self-pity에 뿌리를 두고 있기 때문입니다. 불행한 환경에서 자란 사람들의 내면에 자기연민이 자리하는 것은 당연한 것이 아니겠습니까? 제가 어머니를 바라본 연민도 또 어머니의 구원자가 되겠다고 한 구원자 멘탈도 다 거기에서 나온 것이었습니다.

그런 자기연민에서 나오는 구원자 멘탈은 여러 문제를 낳습니다. 첫째는 그것을 수치스럽게 여겨 은폐하고 느끼지 않으려 한다는 것입니다. 그래서 자신의 감정과 필요를 억압하며 자신을 자신에게서 소외시키는 자기소외自己疏外, self-alienation[3]에 이르게 합니다. 이로 인해 공허함과 정체성의 혼돈을 경험하게 됩니다. 이를 메꾸거나 해결하기 위해 어떤 외적인 것들을 추구하게 되지만 결국 '시시포스의 저주'[4]같이 공허와 혼돈으로 되돌아오게 됩니다.

그리고 참으로 불행한 것은 그런 구원자 역할은 헌신과 희생만 따를 뿐 그 누구에게도 도움이 되지 않는다는 것입니다. 오히려 원망과 공허함으로 끝날 수 있죠. 이는 진솔함이 아닌 은폐적 자기연민이 투사된 영웅적 거짓 사랑이기 때문입니다. 이런 사랑의 무익함에 대해 고린도전서는 오래전에 경고했습니다.

---

3. 자기소외는 중독의 뿌리가 자신의 실제 모습에서 벗어나 오히려 그와는 대립되는 상황으로 변전(變轉)되는 것으로, 자기외화(自己外化)라고도 한다. 현대문화에서 인간이 자기의 본질을 상실하여 비인간적인 상태(대상화)에 놓이게 되는 일이기도 하다.

4. 그리스 신화에 나오는 이야기로, 시시포스는 각종 범죄를 저지르고 신들을 우롱하고 죽음도 비웃은 죄로 무한지옥 타르타로스(Tartaros)에서 자신의 몸보다 큰 바위를 밀어 올리는 형벌을 받게 된다. 그러나 산꼭대기에는 그 바위를 멈추거나 세워 둘 공간이 없어서 밑으로 굴러떨어지고, 그러면 다시 그 바위를 산꼭대기로 밀어 올려야 하는 영겁의 종신 노동형을 받은 주인공이다. 외적인 무엇을 통해 자신의 정체성을 찾으려는 수많은 노력과 시도는 결국 시시포스의 저주와 같이 끝날 수 있다.

내가 사람의 방언과 천사의 말을 할지라도 사랑이 없으면 소리 나는 구리와 울리는 꽹과리가 되고 내가 예언하는 능력이 있어 모든 비밀과 모든 지식을 알고 또 산을 옮길 만한 모든 믿음이 있을지라도 사랑이 없으면 내가 아무것도 아니요 내가 내게 있는 모든 것으로 구제하고 또 내 몸을 불사르게 내줄지라도 사랑이 없으면 내게 아무 유익이 없느니라_고전 13:1-3

이는 참으로 고약하고 슬픈 일입니다. 그리고 임상심리학 박사로 치유 세계에서 적지 않게 시간을 보낸 후에야 그것이 일종의 자기박탈과 학대라는 것을 깨달았습니다. 그 충격을 상상해 보세요. 제가 그 좋은 '연민'과 '구원자'라는 용어에 '그놈의'란 수식어를 붙인 이유를 아시겠죠!

자기연민에 근거한 구원자 멘탈! 그래서 그랬을까. 언제부터인지 모르겠지만 저는 늘 아픈 사람들에게 마음이 갔습니다. 돌아보니 저는 아주 어릴 적부터 운명처럼 사람들에게 위로자와 피스메이커peace-maker로 살았다는 생각이 듭니다. 물론 가족에게도 그랬죠. 그렇게 하지 않으면 뭔가 큰 잘못을 하는 것 같았습니다. 이런 구원자 멘탈의 중독적 성향이 아마 오늘 목사, 임상심리학 박사, 그리고 치유사healer로 평생을 살아오게 된 이유가 아닐까 합니다.

기적 같은 과정을 통해 미국에서 대학과 신학대학원 과정을 마치고 대형 교회에 부목사로 부임하게 되었습니다. 담당 구역이 커서 1년에 한 번 정도 심방을 하게 되는데, 그때마다 성도님들이 남들에게 말 못할 복잡한 개인사와 가정사를 나누셨습니다. 그렇게 만나 기도도 해드리고 설교로 격려도 했지만 과연 도움이 될 수 있을까란 회의가 들기 시작했습니다. 동료 목사에게 고민을 털어 놓았는데 "어떻게 일일이 돌볼 수 있겠어요. 그렇게 하면 목회를 못해요"라고 하더군요. 그런데 죄짓는 것 같은 부담감에 그냥 제 길을 걸어가기로 결심하고, 교회의 동의를 얻어 길고 긴 임상심리학 박사 과정을 시작하게 되었습니다.

박사 과정 중에 혼란스러운 마음이 들기도 하고, 포기하고 싶은 유혹도 받았습니다. 남들은 박사 학위를 받은 후 병원이나 교수로 가는데 저는 교회로 돌아가야 했기 때문에, 목회 현장과 아무런 상관없는 생리학, 약학, 통계학 등을 공부할 때는 회의가 들었습니다. 또 신앙을 종종 병리적 현상의 원인으로 지목할 때는 어느 정도 이해가 되면서도 부당한 생각이 들어 화난 적도 많았습니다.

한번은 정체성의 혼란을 크게 느끼며 고민하는 제 모습을 보았는지 지도 교수님이 부르셨습니다. 힘들어 보인다는 말씀에 제 고민을 털어 놓자 한참을 들으시더니 "너는 전형적인 임상심리사clinician가 아니라 치유사구나" 하시더군요. 그 한마디에 정체성이 회복되는 느낌이 들어, 박사 과정을 완주할 수 있는 닻이 되었습니다. 돌아보면 말이 참 중요한 것을 새삼 되새기게 되네요. 그 이후 목회자로서 치유자로서 흔들림 없이 길을 걸어오고 있습니다.

어떤 사건으로 인해 제가 자의식과 체면의식이 매우 강한 사람인 것을 깨달았습니다. 그때 마침 미국 시카고에 본부를 둔 코허트Kohut 박사의 자기심리학self-psychology 연구소에서 연수를 하던 중이었습니다.

자기심리학은 코허트 박사가 대도시에 살며 자기애적[5] 성격장애 narcissistic trait로 인해 고통당하는 환자들과 작업하며 시작한 정신분석학의 한 분파입니다. 자기애적 성격장애가 강한 사람들은 공통적으로 자의식과 체면의식 그리고 그로 인한 자존심이 매우 강한데, 그 이면에는 수치 정체성shame identity이 자리하고 있다고 분석합니다.

자존심은 영어로 '프라이드'pride입니다. 그런데 프라이드는 '교만'으로도 해석되니 자존심이 강한 사람은 다른 사람들에게 교만[6]하게 보인다는 것이죠. 물론 본인은 인지하지 못하지만요.

심한 자의식을 통한 '수치심'shame과의 운명적 만남은 이렇게 시작되어 결국 박사 논문도 〈한국문화 안에서의 수치심, 죄책감, 그리고 정신병리학〉Shame, Guilt, and Psychopathology In Specific Korea으로 바꾸었습니다. 논문을 마칠 무렵 뜻밖에 모든 중독자들의 뿌리에 바로 수치 정체성이 웅크리고 있다는 사실을 발견하게 됐습니다.

삶을 돌이켜 보세요. 삶은 참 신비롭고 흥미롭지 않나요? 우연한 체면의식과의 만남은 자기애로, 자기애는 수치 정체성으로, 수치 정체성은 중독으로, 그리고 중독은 결국 다시 영성으로 가는 긴 우회로가 되었습니다.

인생은 우리가 생각하는 것처럼 그렇게 논리적이지 않습니다. 한 걸음 한 걸음 걸어가다 보면 결국 운명적으로 만나야 할 것들을 만나

---

5. 자기애(自己愛)는 자신에게 집중된 에너지로, 자기의 가치를 높이고 싶은 욕망에서 생기는 자기에 대한 사랑을 말한다. 자의식이 강한 사람들은 동시에 타인들의 자신에 대한 평가에 매우 예민하다.
6. 교만은 가톨릭 전통에서 보면 일곱 가지 대죄 중에서도 첫 번째이다.

게 되는 것을 봅니다. 삶의 지혜는 그런 것들에 저항하거나, 부인하지 않고 '아, 그렇구나' 깨달으며 믿음으로 보이지 않는 손길을 따라 뚜벅뚜벅 걸어가는 것이 아닐까요? 영어에 '렛 잇 플로우'Let it flow, '렛 갓 비 갓'Let God be God이라는 표현이 있습니다. 굳이 번역하면 '흘러가게 놔둬라', '하나님으로 하나님 되게 하라'라는 뜻이죠. 비틀즈의 노래 제목을 따오면 '렛 잇 비'Let it be입니다.

> 그대로 두렴/ 지혜의 단어를 속삭여요/ 그대로 두렴// 세상을 살며 상심을 겪는 사람들이 좌절할 때/ 답이 있을 거예요/ 그대로 두렴, 그대로 둬

이 노래의 뒷부분은 "답이 있을 거예요"와 "그대로 두렴, 그대로 둬"라는 대목이 계속 교차됩니다. 인생뿐만 아니라 중독에 큰 지혜를 주는 참 흥미로운 노래입니다.

논문을 마친 후, 중독치유센터에서 첫 보금자리를 틀게 되었습니다. 이곳은 참된 사랑을 통한 수치심으로부터의 자유, 친밀함을 통한 관계 회복 등으로 중독(죄)에서의 해방을 배우고 경험할 수 있는 곳이었습니다. 모두 영적인 것들이니 다시 목회지로 돌아갈 저에게는 하나님의 선물이었죠. 그러나 하나님은 더 큰 선물을 예비하고 계셨습니다. 바로 저의 깊은 어둠을 직면하게 된 것입니다.

2

아이유와 어거스틴

하나님의 선물이란 제가 중독 환자들과 비슷한 중독성 성격$^{\text{addic-}}$$^{\text{tive personality}}$을 가진 사람임을 발견한 것입니다. 중독의 내용과 정도에 차이가 있을지 모르지만 그 밑바닥에는 중독성 성격이라는 공통분모가 있습니다. 모든 만남에 '너 대 나'의 만남은 없는 것 같고, 알고 보면 모두 '우리'의 만남이 아닐까 합니다. 그분들과 저와의 '우리'는 바로 그 중독성 성격이었습니다.

아이러니하게도 그들이 저의 어둠을 깨닫게 하는 각성자요, 동반자요, 치유자가 되었습니다. 그곳에서의 시간은 헨리 나우웬의 《상처 입은 치유자》의 내용을 체감하는 시간이 되었죠. 그 후로 제 마음은 목사와 성도, 선생님과 학생, 의사와 환자, 상담자와 내담자 같은 '너 대 나'라는 이분법적 구조보다는 '너와 나', '우리', '동반자', '환대'歡待, '긍휼'과 같은 것이 더 깊게 자리하게 되었습니다. 결국 '우리'는 모두 어쩔 수 없는 인간이지요.

아이유라는 가수가 있습니다. 원래 이름은 이지은인데 '내가 너

와 음악으로 하나 된다'라는 뜻으로 영어 'I'와 'You'로 예명을 지었다고 합니다. 저 역시도 중독자와 중독성 성격으로 하나가 되는 경험을 통해 그 관계는 아이유가 되었죠. 그때부터 외부인이 아닌 내부인의 시선으로 치유 과정에 참여하게 되었습니다.

러시아 침례교회에서 설교할 때였습니다. 러시아 블라디보스톡 주정부가 운영하는 중독자 감호소에서 강연 후, 중독에서 회복 중에 있는 분들과 그들의 가족으로 구성된 한 러시아 교회로부터 설교 부탁을 받게 되었습니다. 담임 목사님도 마약 중독으로 죽음에 이르렀다가 신비로운 영적 경험을 통해 온전히 회복된 뒤 이 교회를 개척한 분이었습니다.

"저도 여러분과 같은 중독자입니다"라는 말로 설교를 시작했습니다. 당황해하는 교인들에게 "저는 공부 중독자입니다. 저는 책, 독서, 문자 중독자입니다. 그것이 없으면 불안해서 어쩔 줄 모릅니다. 저는 모범생 중독자이기도 합니다. 모범생이 아닌 삶은 불안해서 견딜 수가 없었어요. 사람들에게 인정받는 것이 중요하기 때문이죠. 인정받지 못하면 너무 비참해요. 그런 점에서 인정 중독자이기도 합니다. 저의 일 중독, 성취 중독, 그리고 성공 중독도 여기에 뿌리를 두고 있습니다. 무엇보다도 구원자 중독이 심한 사람입니다. 물론 그것만이 전부는 아니에요. 여러분도 잘 아시다시피 중독자는 다중중독 multiple addiction을 가지고 있지 않습니까! 그 외에 어두운 곳에서 씨름하는 은밀한 것들도 여럿이 있죠. 나름대로 영웅의 이미지를 유지하고 싶은 유혹은 차마 버릴 수가 없네요. 그냥 중독자의 삶을 잘 이해하시는 여러분의 상상에 맡기겠습니다."

이 말에 성도들은 박장대소하며 저를 환대해 주었습니다. 그렇게 만난 '우리'는 소통의 진지함 속에 결국 눈물과 서로에 대한 기도로 마무리를 하였습니다.

기독교 가정에서 자랐다는 것, 기독교인이라는 것, 또는 기독교 지도자라는 것만으로 중독과 관계없으리라는 건 너무 순진한 생각입니다. 비록 신앙적으로 열심인 가정, 혹은 목사나 선교사 가정이라도 가족 간의 진솔하고 친밀한 교감과 소통의 부재로 인해 얼마든지 중독성 성격을 가진 중독자가 나올 수 있습니다. 중독이 근본적으로 신앙보다는 건강하지 않은 가족 관계에서 생기는 것이기 때문입니다. 가장 고전적인 예로 성 어거스틴St. Augustine을 들 수 있습니다.

어거스틴은 독실한 기독교인 어머니 모니카의 신앙 밑에서 자랐습니다. 그러나 가족사를 보면 결코 건강한 가정은 아닌 것 같습니다. 먼저, 부모님과의 사이에 신앙과 성격적인 차이로 많은 갈등이 있었음을 짐작할 수 있습니다. 그리고 그 갈등이 어거스틴에게 투사되어 어머니는 죽을 때까지 어거스틴에게 과도하게 집착했습니다. 이로 인해 어거스틴이 주님을 깊이 만나기 전까지 모자 사이에는 갈등과 불화가 잦았습니다.

물론 부모님 두 분 다 어거스틴을 몹시 사랑했습니다. 문제는 다른 목적과 방향에서 사랑했다는 것입니다. 아버지는 세속적인 성공에서, 어머니는 모성애와 신앙적 집착에서 말이죠. 그 사이에 낀 어거스틴의 갈등과 스트레스를 상상해 보세요. 이런 목적 지향적 사랑에서 진솔한 친밀감과 유대감이 싹트기는 어렵습니다. 부모가 갈라지면 자녀 마음의 세계도 갈라져 그 사이에 공허감과 외로움이 자리

하게 됩니다.[7]

친밀함 부재는 형제들 관계에서 쉽게 찾아볼 수 있습니다. 어거스틴은 3남매 중 장남으로 태어났는데 그의 전 인생을 다루는《고백록》을 보면 여동생에 대해서는 한 번도 언급하지 않고 남동생도 주변 인물로 한두 차례 언급할 뿐입니다. 이를 정서적으로 먼 가족distant family이라 부릅니다. 각자 자기의 세계를 살아가는 단절된 가족 구조입니다.

어거스틴의 삶은 극적 회심 전까지 중독적 삶이라 할 수 있습니다. 청년기에는 쾌락과 성적 충동으로, 청장년기에는 세속적 성공과 지성의 화신이 되어 양심의 질책에도 불구하고 그런 삶을 계속 유지합니다. 그럴수록 내면의 공허함과 갈등은 깊어집니다. 깊은 좌절과 탈진 상태에 있는 그에게 담 넘어 들려오는 아이들의 노래가 그를 극적 회심에 이르게 했는데, 그의 나이 30세 때 일어난 사건입니다. 그때 읽은 성경 말씀이 로마서 13장 13, 14절입니다. "낮에와 같이 단정히 행하고 방탕하거나 술 취하지 말며 음란하거나 호색하지 말며 다투거나 시기하지 말고 오직 주 예수 그리스도로 옷 입고 정욕을 위하여 육신의 일을 도모하지 말라."

이때부터 어거스틴의 삶은 중독에서 자유하게 되는 삶으로 급진적인 전환을 하게 됩니다.

---

7. 가정의 외적인 분위기는 자녀들의 내면세계를 형성한다. 심리학에서는 이를 내사(內射, introjection) 또는 내재화(內在化, internalization)라고 한다. 가치를 포함한 부모님의 정신세계와 가정 분위기가 자녀에게 그대로 내면화, 즉 성격화되는 것을 뜻한다. 만일 자신의 마음의 세계를 잘 모르겠다면, 성장기에 경험한 가정 분위기를 떠올려 보라. 그것이 곧 마음의 실체라는 것을 알게 될 것이다.

현장에서 중독자 치유에 오래 관여했던 사람들은 이것이 얼마나 특별한 사건인지 잘 알죠. 기독교인이지만 오랜 자구적 의지와 노력에도 불구하고 중독에서 벗어나지 못해 절망 가운데 거의 죽음의 지경에 이르는 사람들이 있습니다. 모두 다 포기한 사람입니다. 그러던 중 갑자기 설명할 수 없는 신비로운 하나님의 손길이 닿아 전격적인 치유를 경험하게 됩니다. 모두에게 신비로운 일이어서 '순전히 영적'이라는 말밖에 달리 표현할 길이 없습니다. 당사자들은 이런 경험을 새롭게 태어난 것 같다고 말합니다. 이런 회심의 경험을 미국 심리학의 아버지인 윌리엄 제임스는 '두 번째 태어나기'twice born라고 말합니다. 저는 이런 상태를 처음 예수님을 믿던 사건과 구별하기 위해 '두 번째 거듭나기'twice born-again라 부릅니다. 건강하지 않은 가정에서 오는 중독 문제가 순전한 영성의 세계를 경험함으로 해결되는 것은 참 아이러니하지요. "진리가 너희를 자유케 하리라"라는 예수님의 말씀이 문자 그대로 온전히 이루어진 것입니다. 어거스틴은 참된 마음의 안식을 찾은 후 인생을 되돌아봅니다. 그리고 그동안 일어났던 일들에 대해 《고백록》의 첫 장에서 "당신(하나님)은 당신을 위해 우리를 만드셨습니다. 그래서 우리의 마음은 당신 안에서 안식을 찾기까지는 늘 불안정할 뿐입니다"라고 말합니다. 그렇다면 기독교인의 고뇌와 심한 마음의 중병도 의미가 있는 것이 아니겠습니까? 그런 것들을 통해 참된 안식인 지복至福의 삶에 들어가게 되니까요. 그래서 윌리엄 제임스는 문제가 없는 듯한 보통의 일생을 살다 끝내는 '한 번 태어나기'보다는, '병든 영혼'으로 두 번째 삶을 다시 사는 거듭나기 인생이 더 중요하다고 말하지 않았나 싶습니다.

3

중독과 역설

저의 가정은 신앙을 매우 중요하게 생각하는 3대 기독교 집안입니다. 만나면 신앙적 헌신을 자랑하고 때로는 어떻게 믿는 것이 옳은 믿음인지 격론을 벌이기도 하는 집안이었죠. 대를 거쳐 목사들도 많고 선교사도 있습니다. 그러나 건강하거나 행복한 집안은 아니었습니다. 이런 가정에서 자라며 신앙에 대한 회의와 의문투성이로 청소년기를 보냈습니다. 그럼에도 불구하고 수수께끼 같은 신앙 여정을 끝까지 걸을 수 있었던 이유는 라이너 마리아 릴케의 《젊은 시인에게 보내는 편지》를 읽다가 발견한 짧은 한 편의 글 때문이었습니다.

마음속에 풀리지 않는 모든 것들에 대해 인내하고 그 의문 자체를 사랑하도록 하라. 당장 해답을 얻으려 하지 말라. 그건 지금 당장 주어질 수 없을 테니까. 중요한 것은 모든 것을 살아 보는 일이다. 그 의문들을 지금 살아 내라. 그러면 언젠가 먼 미래에 자신도 알지 못하는 사이에 삶이 너에게 해답을 가져다 줄 것이다.[8]

하나님의 은혜로 문제와 의문의 삶을 살아 냈습니다. 그 과정 속에서 제가 중독성 성격을 가진 중독자라는 것을 발견했습니다. 중독자들과 제가 은유적 관계에 있음을 깨달았습니다. 은유적 관계란 분명한 차이점이 있음에도 유사점으로 묶어지는 관계를 뜻합니다.[9] 그런 의미에서 사회적으로 중독자와 차이가 있음에도 불구하고 저는 기꺼이 "나는 중독자입니다"라고 고백합니다. 자기연민에 근거한 구원자 중독, 불안과 초조 중독, 완벽주의와 통제광, 무엇이든지 하지 않으면 불안해 어쩔 줄 모르는 아드레날린 중독, 자기 의自己義, self-righteousness, 의분, 성공과 자기 자랑, 판단, 시기와 질투, 은밀한 쾌락 추구, 그리고 아이러니한 자학自虐 등 헤아릴 수 없죠. 어느 날 밤 "항상 복종하여 두렵고 떨림으로 너희 구원을 이루라"(빌 2:12)는 말씀에 큰 도전을 받고 이런 고백을 하게 되었습니다. 이렇게 해서라도 전인격적으로 건강한 사람이 되고 싶은 욕구 때문입니다. 다음 세대에 보다 건강한 삶을 물려주고 싶은 간절한 마음도 있습니다. 그러나 무엇보다 진솔하고 정직한 사람이 되고 싶은 욕구에서입니다.

미국의 정신과 의사이며 영성가인 제럴드 메이 박사가 《중독과 은혜》에서 "모든 사람의 95퍼센트는 무엇인가에 중독되어 있고, 나

---

8. Be patient toward all that is unsolved in your heart and try to love the questions themselves, like locked rooms and like books that are now written in a very foreign tongue. Do not now seek the answers, which cannot be given you because you would not be able to live them. And the point is, to live everything. Live the questions now. Perhaps you will then gradually, without noticing it, live along some distant day into the answer.

9. 은유는 '내 마음은 호수다'처럼 'A는 B다'와 같은 형식으로 되어 있다. 서로 다른 A(마음)와 B(호수)임에도 불구하고, 맑고 잔잔하고 평화롭다는 유사점으로 연관되어 있다.

머지 5퍼센트만이 중독되어 있지 않다. 그러나 나는 그 나머지 5퍼센트를 만나 본 일이 없다"고 말하였습니다. 달리 말하면, 현대인에게 중독은 극히 보편적 현상이라는 것입니다. 중독 치유전문가가 되어 이 세계를 깊이 들여다보며 이 말의 진실성에 대해 감탄하게 되었습니다. 더욱이 어거스틴이 경험한 '두 번째 거듭남'을 통해 '순전한 영성'을 체험한 사람이라면 100퍼센트 동의하게 될 것입니다. 현대인에게 중독은 누구의 문제가 아니라 바로 우리의 문제라는 것을요.

어린 시절 몸의 질병과 불우한 가정환경으로 인한 방치로 '왜 내게 이런 고통이 주어질까?'라는 질문은 더 깊어졌던 것 같습니다. '예수님을 믿으면 만사형통'이란 가르침을 받고 자란 저에게 이런 고통은 신앙에 회의를 갖게 했습니다. 진실을 알고 싶었습니다. 답을 몰라도 원인을 알고 싶었습니다. 그리고 저와 같은 누군가에게도 해답을 주고 싶었습니다.

이해할 수 없는 긴 우회의 끝자락에서 돕고자 했던 중독자들을 통해 뜻밖에 제가 그들과 매우 유사하다는 사실을 발견했죠. "형제들아 사람이 만일 무슨 범죄한 일이 드러나거든 신령한 너희는 온유한 심령으로 그러한 자를 바로잡고 너 자신을 살펴보아 너도 시험을 받을까 두려워하라"(갈 6:1)라고 경고하지 않습니까?

중독으로부터 완전히 자유할 수 있는 사람은 없습니다. 어떤 형태든지 여러 중독들이 곳곳에 가득합니다. 이런 세상에서 가장 안전하게 우리를 지킬 수 있는 길은 차라리 "나는 중독자입니다"라는 은유가 아닐까요?

인생은 신비한 역설입니다. 중독 치유전문가가 중독자들을 통해 자신이 중독자임을 발견하는 것도 역설이고, 그들을 돕는 과정 중에 결국 제 자신을 돕는 길을 찾은 것도 역설이었죠. 그러나 그중 가장 큰 역설은 중독에서 전혀 예상치 못한 '자유케 하는' 참된 영성을 발견했다는 것입니다. 그것은 C. S. 루이스의 표현을 차용한다면 "예기치 못한 기쁨"Surprised by Joy이었습니다.

이제 모든 것에 대해 감사합니다. 문제와 의문, 중독, 중독자, 부모님, 그리고 걸어온 인생 과정 모두 감사합니다. 그러나 무엇보다 예수님께 감사합니다. 그분이 없었다면 제 인생은 영원히 문제와 의문으로 "곤고한 사람"으로 "사망의 몸"으로 끝나 버렸을 테니까요. 예수님 만난 사도 바울의 안도감과 감격이 생생하게 느껴집니다.

우리 주 예수 그리스도로 말미암아 하나님께 감사하리로다_롬 7:25a

대한민국은 중독 공화국!

중독자의 특성은 조종과 통제입니다.
또 다른 특징은 부정과 과신·과장입니다.
이런 것들로 움직이는 조직을
중독 시스템이라고 합니다.

그날 몇 건의 교통사고로 몇 사람이 죽었고 그날 시내 술
집과 여관은 여전히 붐볐지만 아무도 그날의 신음 소리
를 듣지 못했다. 모두 병들었는데 아무도 아프지 않았다.

이 시는 앞에서도 언급한 이성복 시인의 〈그날〉의 마지막 부분입니다. 그
날 몇 건의 교통사고로 몇 사람이 죽었다고 합니다. 그날 이런 불행하고 아
픈 일이 일어났음에도 불구하고 사람들은 남의 일인 양 무감각하고 무심하
게 각자의 관심에 따라 쾌락을 즐긴다고 합니다. 아니 그 반대로 그것이 자
신의 불행과 아픔이 될 수 있다는 불안과 두려움 때문에 쾌락으로 자신들
을 무감각하게 만드는지 모르겠습니다. 어찌 되었든 "그날의 신음 소리를
듣지 못했다"고 말합니다. 듣지 못하는 병, 느끼지 못하는 병 그 얼마나 큰
병입니까? 이성복 시인은 한 걸음 더 나아가 사람들이 그런 병에 걸렸는데
그것조차도 모른다고 절망합니다. 지금부터 대한민국이 아무도 자각하고
싶지 않은 중독 공화국으로 어떻게 물들어 가고 있는지 살펴보고 기독교계
조차도 그것에서 자유롭지 못하다는 점을 아프지만 들여다보길 원합니다.

1

사회문화로 본 대한민국의 중독

우리나라는 4대 중독(알코올, 마약, 도박, 인터넷) 정도에 따라 위험군, 고위험군, 중독군, 만성 중독군으로 나눕니다.

보건복지부·대검찰청·사행산업통합감독위원회·과학기술정보통신부 등에 따르면 중독군과 만성 중독군 기준으로 우리나라 4대 중독자 총 수는 최소 711만 명[1]에 달합니다. 그런데 여기에 위험군과 고위험군을 합치면 2,200만 명이 넘죠. 인구를 5,000만 명으로 본다면 2.5명당 한 명꼴입니다.

위험군과 고위험군까지 중독자 수에 포함시킨 것을 의아해하실 수 있을 텐데, 중독은 진행성 질환^{progressive disease}이기 때문입니다. 좋아지거나 나빠지거나 둘 중에 하나죠. 그냥 놔두면 시간이 지나며 서서히 진행되어 결국 중독이라는 질병이 된다는 뜻입니다. 위험군

---

1. 우리나라 4대 중독자 수는 알코올 중독이 225만 명(2013년), 마약 중독이 12만 명(2015년), 도박 중독이 206만 명(2014년), 인터넷 중독이 268만 명(2015년)으로 추정하고 있다.

에서 고위험군으로, 고위험군에서 중독자로, 그리고 중독자에서 만성 중독자로 긴 시간을 두고 진행한다는 뜻입니다. 위험군이라고 해도 가만히 두고 방치하면 결국 중독자가 됩니다. 마치 서서히 데우는 물속에서 개구리가 천천히 죽어 가는 것처럼 말이죠. 이미 스마트폰을 통해 쇼핑, 게임, SNS에 과의존하는 많은 국민이 잠재적 4대 중독자로 분류돼 전문적인 수준의 관리와 치료를 받아야 하는 상황이 되어 가고 있습니다.

구분	2017년		2018년		2019년	
	과의존위험군	증감(%p)	과의존위험군	증감(%p)	과의존위험군	증감(%p)
전체	18.6	0.8	19.1	0.5	20.0	0.9
유·아동	19.1	1.2	20.7	1.6	22.9	2.2
청소년	30.3	−0.3	29.3	−0.1	30.2	0.9
성인	17.4	1.3	18.1	0.7	18.8	0.7
60대	12.9	1.2	14.2	1.3	14.9	0.7

표 1. 연령별 스마트폰 과의존위험군 현황(2017-2019년, %)[2]

2019년 통계에 따르면 우리나라의 스마트폰 이용자 중 과의존위험군은 20퍼센트로 매년 증가하고 있습니다. 그중 유·아동의 과의존[3] 위험도는 최대 증폭률인 20퍼센트를 상회한다는 사실입니다.

이 조사가 흥미로운 것은 '유·아동-부모 상관성'입니다. 부모가 과의존위험군일 경우, 유·아동 자녀가 위험군에 속하는 비율(36.9퍼

---

2. 2019년 스마트폰 과의존 실태조사 결과(2020. 2, 과학기술통신부 & NIA 한국정보화진흥원)

센트)[4]이 높은 것으로 나타났습니다. 여기서 중독 문제에 대해 한 가지 꼭 기억해야 할 점은 중독은 가족 관계에서 자란다는 것입니다. 중독자가 있는 집안에는 그 중독자를 만들어 내고 유지시키는 가족이 반드시 한 사람은 있습니다. 중독 전문가들은 이런 사람을 '동반중독자'[co-dependent][5]라 합니다. 낯설고 이해하기 쉽지 않은 용어지만 이 개념을 이해하는 데 다음 〈중독〉 시가 도움이 될 것입니다.

> 틈만 나면 게임 한다고/ 중독이라 하지만// 난, 학교 갔다 와서 할 뿐/ 난, 학원 갔다 와서 할 뿐/ 난, 밥 먹고 할 뿐/ 난, 똥 싸고 할 뿐// 학교도 안 가 학원도 안 가 밥도 안 먹어 똥도 안 싸/ 틈도 없이 하는 게 중독이지// 틈도 없이 잔소리하는/ 엄마가 중독이지

초등생과 엄마의 유사점은 '틈도 없이'이고, 차이점은 게임과 잔소리입니다. 그래서 둘은 유사합니다. 초등생은 게임 중독이고 엄마는 잔소리 중독일 뿐입니다. 닭이 먼저냐 계란이 먼저냐의 논쟁일 수 있겠지만(대부분의 전문가들은 닭이 먼저라고 할 것입니다), '틈도 없는' 잔소리를 하는 엄마로 인해 아들은 더욱 게임 중독에 빠지게 될 것입

---

3. 과의존군이란 첫째, 스마트폰 사용이 일상에서 가장 우선되는 중요 활동이 되고(현저성, Salience), 둘째, 스마트폰 이용 정도를 스스로 조절하기 어려워짐에 따라(조절실패, Self-Control Failure), 셋째, 주변 사람과 갈등, 신체적 불편, 가정·학교·직장 생활 등에 어려움(문제적 결과, Serious Consequences)이 있는 상태를 말한다.
4. 2019년 스마트폰 과의존 실태조사 결과(2020. 2, 과학기술통신부 & NIA 한국정보화진흥원)
5. 정식 명칭은 '동반의존자'이다. 이 책에서는 개념과 그 특성의 이해를 돕기 위해 '동반중독자'라 부르기로 한다.

니다. 이런 엄마를 동반중독자라 말합니다.

동반중독증은 매우 흥미로운 질병입니다. 동반중독자는 일반적으로 '좋은 사람'으로 인식되기도 합니다. 대부분 가족에게 헌신적이고, 이웃과 타인에게도 열심인 사람들입니다. 그런데 이들은 대체로 불안하고 자존감이 낮아서, 자신을 다른 사람들에게 중요하고도 필수불가결한 존재로 만들고자 무척 애를 쓰고 결국 헌신적으로 보살펴 준 사람들을 자신에게 의존하게 만든다는 것입니다. 여기서 다른 사람들의 의존적인 중독적 성향이 강화되고 유지됩니다. 문제는 자신은 물론 주위 사람들에게 헌신적이고 희생적인 좋은 사람으로 비춰진다는 것입니다. 우리나라는 문화적으로 동반중독자가 유난히 많습니다. 계속 갈등하면서도 부모는 자식을 보내지 못하고 자식은 부모를 떠나지 못하는 이유가 바로 여기에 있습니다.

다시 중독자 숫자로 돌아가 봅시다. 중독자 한 사람당 또 다른 중독자인 동반의존자가 최소한 한 명이 붙어 있는 것으로 보고됩니다. 자, 이제 두 무리를 다 합치면 4,000만을 훨씬 넘어가게 됩니다. 대한민국을 중독 공화국이라고 한 이유를 이해하셨으리라 생각합니다.

《중독의 시대: 대한민국은 포스트 트라우마 중독 사회다》에서는 부제목처럼 '대한민국은 중독 사회'라고 말합니다. 한국사회의 다양한 중독 현상들은 개인적인 문제라기보다는 집단적·사회적 중독의 반영으로 분석합니다. "사회 전체가 일종의 중독자처럼 비정상적인 행위를 하면서도 마치 이것이 정상인 양 개인들이 수용하고 있는 맥락 위에서 각종 중독을 직시해야 한다"[6]고 합니다. 한국사회가 오랫동안 경험한 집단적 가난과 고통의 트라우마(정신적 충격)로 인한 두려움으로, 온 사회가 '잘 살아보세'란 기치 아래 "경제성장에 중독된 채 노동(고용)을 개인의 정체성 확인이나 생계수단 회복의 유일한 길이라 내면화해 버린 상태(노동사회)"[7]가 되었기 때문이라고 주장합니다.

모든 진실 직면이 그렇듯이 참으로 뼈아픈 이야기입니다. '왜 그렇게 열심히 참고 사세요?'라는 질문에 여러 이유를 댈 수 있지만 과연 경제 성장이란 목표에서 자유할 수 있을까요? 그것을 위해서는 인간성과 삶의 질은 물론 목숨까지 걸 수 있는 것이 우리들의 현 모습이 아닐까 합니다.

중독은 대를 잇는 경우가 많습니다. 6·25전쟁 이후 2세대, 3세대는 그 전 세대와 다르게 비교적 경제적으로 풍요롭게 살 수 있습니다. 그러나 한국 사회가 겪은 집단적 가난과 고통의 트라우마, 그 두려움을 제대로 다루지 않으면 이는 대를 물려 전수됩니다. 중독의 특성은 내성입니다. 주어진 것에 익숙해져 같은 쾌감을 경험하려면 더 많이 취해야 합니다. 그 다음 세대들은 그 전세대보다 무엇이든 더 많은 것을 취해야 합니다. 이런 대한민국의 모습에 대해 그들은 다음과 같은 결론을 내립니다.

대한민국은 중독 사회, 중독 시스템이다. 사회 전체가 알코올 중독자처럼 움직인다. 중독 시스템은 중독을 먹고살며, 중독을 촉

---

6. 《중독의 시대: 대한민국은 포스트 트라우마 중독 사회다》, p. 9.
7. 앞의 책.

진한다. 중독 사회 대한민국은 일 중독·권력 중독·경제성장 중독 등에 빠져 있다. 구성원들도 일 중독·알코올 중독·스마트폰 중독· 게임 중독·성형 중독 등에 빠져 있다.[8]

비록 홀거 하이데와 강수돌이 대한민국을 중독 사회로 분석했지만 유럽에서는 40년대에 마르틴 하이데거가, 미국에서는 60년대에 에리히 프롬이 이미 중독화된 서구세계를 기술했습니다. 한국도 부러운 선진국들을 열심히 쫓아가다 보니 어느덧 중독 사회가 된 것일 뿐이죠. 생텍쥐페리의 《어린 왕자》는 그렇게 중독화된 서구세계를 잘 묘사하고 있습니다.

어린 왕자는 도도한 장미를 사랑하다가 지쳐 소행성을 떠나게 되고, 지구를 포함한 일곱 개의 소행성을 방문합니다. 세 번째 별에 도착했을 때 알코올 중독자를 만납니다. 어린 왕자에게 그는 정말 논리에 맞지 않은 사람이었습니다. 그는 계속 술을 마셨죠. 어린 왕자가 왜 마시냐고 묻자, 술을 먹는 사실을 잊기 위해 마신다고 말합니다. 자신이 잘못한 줄 알면서도 인정하지 않죠. 오류가 있는데도 자기 합리화를 시키는 것입니다. 이 부분을 잘 읽으면 중독적 논리와 사고를 다 이해할 수 있을 정도로 중독에 대한 많은 정보를 담고 있습니다. 중독을 잘 이해한다면 나머지 모든 사람들도 중독자라는 것을 알게 될 것입니다.

첫 번째 별에서 만난 사람은 절대권을 휘두르고 싶은 권력 중독

---

8. 앞의 책, p. 58.

자입니다. 두 번째 별에서 만난 사람은 잘난 척 하기를 좋아하고 칭찬받는 것을 좋아하는 허영쟁이입니다. 이 또한 중독자의 모습이죠. 네 번째는 모든 것을 숫자로 계산하는 사람입니다. 모든 것을 돈으로 환산하는 돈 중독에 빠진 현대인의 모습을 볼 수 있습니다. 다섯 번째 별에 사는 사람은 비판과 생각 없이 기계적으로 사는 사람입니다. 사람이라고 했지만 실상 사람이 아니고 사물화事物化된 기계입니다. 자신은 물론 모든 것을 사물로 보고 사물처럼 대하죠. 이 또한 전형적인 중독자의 모습입니다. 여섯 번째 만난 사람은 모든 것을 지식으로 판단하는 사람입니다. 실제 경험도 없이 자신의 지식과 그에 근거한 추측만으로 판단하죠. 중독자들은 자신의 내면의 감정과 차단된 생각 중독자들입니다. 다섯 번째 별에서 만난 사람도 이와 같은 사람입니다. 드디어 일곱 번째 별인 지구에 도착해 사막에 불시착한 조종사를 만납니다. 그는 어린 시절에는 순수함을 갖고 있었지만 점점 현실적으로 변해 가며 사막 같은 사람이 되어 갑니다. 그래서 처음에는 양을 그려 달라고 하는 어린 왕자를 귀찮아하기도 했죠. 하지만 나중에는 가까워집니다.

저는 이 작품에서 생텍쥐페리가 산업혁명과 1, 2차 세계대전의 트라우마로 중독 사회로 변해 버린 서구 유럽의 모습을 그리고 있다고 생각합니다. 중독 사회란 사람이 사람을 자신의 욕망의 도구로 물화物化시키고 스스로도 물화되는 사회를 말하는데, 작품 속 일곱 명 모두가 그런 모습을 보이고 있습니다. 또한 30년 전에 나온 《변신》[9]

---

9. 프란츠 카프카의 소설

에서도 이러한 현상을 살펴볼 수 있습니다. 주인공 그레고르 잠자가 하루아침에 벌레로 변신(사물화)하는 소재를 토대로, 유럽사회의 실존과 부조리를 묘사하며 이미 오래전에 중독 사회가 됐음을 보여 주고 있지요. 우리나라에서는 최인호 작가가 1970년대 급격한 산업화로 인해 그렇게 사물화되어 가는 인간의 모습을 '타인의 방'에서 잘 묘사해 내고 있습니다.

그러면 생텍쥐페리는 이 중독 사회를 어떻게 해결해야 한다고 봤을까요? 그가 제시한 것은, "자신을 길들여 달라"는 여우로부터 어린 왕자가 우정과 친구 관계를 배우는 것입니다. 관계를 맺는다는 것은 상대를 소중히 여기고 시간과 정성을 들여야 한다는 것을 깨닫게 되죠. 그제서야 어린 왕자는 자신의 소행성에 있던 장미를 돌봐야 할 인물이 자신이라는 것을 알게 됩니다. 그리고 그곳으로 돌아가고 싶어서 무거운 육신을 버릴 수 있도록 뱀에게 물어 달라고 합니다. 그리고 어린 왕자는 생을 마감합니다. 인상적인 것은 어린 왕자가 자신의 별로 돌아간 후, 조종사도 사막에서 벗어나 사람들이 사는 곳으로 되돌아가는 모습입니다.

2

중독에 물든 교회 현상

중독 사회는 사람이 사람을 포함해 모든 것을 도구화하는 사회입니다. 자신의 필요와 욕망에 따라 상대를 대상화, 즉 사물화하는 사회입니다. 과연 기독교인은 이 중독 사회에서 자유할 수 있을까요? 주위를 자세히 살펴보면, 한국 교회와 기독교인 사이에 이미 많은 중독 증상들이 보입니다. 중독자의 특성은 조종과 통제입니다. 또 다른 특징은 부정과 과신·과장입니다. 이런 것들로 움직이는 조직을 중독 시스템이라고 합니다. 이런 관점에서 한국 교회의 모습을 볼 때 이미 충분한 중독 증세를 갖고 있다고 생각합니다.

지난 30년간의 한국 교회의 키워드는 '교회성장론'이었죠. 제 자신도 친구 목사님들과 만나 이런저런 이야기를 나누다 보면 마지막은 교회성장론에 귀착하게 됩니다. 성공적인 목회도 이를 빼고 이야기할 수 없습니다. 이런 태도는 사회의 성공 중독과 연계되어 있다고 생각합니다. 한국 교회의 설교와 신앙교육을 분석한 숭실대 이철 교수는 교회가 세상과 별 차이가 없는 것 같다고 말하면서, 세속적

성장과 성공주의가 교회에 얼마나 깊이 스며들었는지 우려하고 있습니다.[10]

김성인 전 복지부 장관도 한 기독교 모임에서 "사실 우리 모두가 중독자… 너무 바빠서 기도할 수 없다"고 말했는데 이는 한국 교회가 일 중독에 빠졌음을 에둘러 표현한 것이라고 생각합니다. 저도 그 말에 전적으로 동의하는 것은 곳곳에서 일 중독에 빠진 한국 교회의 모습을 너무도 쉽게 찾아볼 수 있기 때문입니다. 그 시스템 안에서 사역자는 물론 성도들도 가만히 있으면 뭔가 뒤쳐질 것 같아 쫓기듯 서로 독려하는 '피로사회'의 모습을 쉽게 찾아볼 수 있습니다.

인간은 사회적 존재죠. 상상을 초월할 정도로 환경의 지배를 받습니다. 우리는 대한민국이란 중독공화국에서 태어나서 자랐습니다. 단순히 기독교인이란 이유로 중독에서 자유할 것이라고 보는 것은 순진한naive 생각입니다. 저는 중독 전문가이며 목사이기에 자연적으로 목회자나 선교사들이 개인 접촉을 많이 해옵니다. 그동안 안타깝게도 중독 문제로 쓰러진 목회자와 선교사들을 많이 보았습니다. 연배나 사역에 있어 절정기에 이른 분들인데 그 자리에서 무너지는 모습을 보는 것은 가슴 아픈 일이었습니다. 그리고 그들을 무너뜨린 중독이 어린 시절 받은 깊은 상처에서 비롯됐다는 것은 이중고二重苦를 당하는 사람을 볼 때 느끼는 고통과 같습니다.

제가 미국에서 일했던 중독센터는 기독교 재단에서 운영하는 곳이라 목회자나 선교사님들이 많았습니다. 미국의 교단이나 선교기관

---

10. 이철, 《욕망과 환상—한국 교회와 사회에 관한 문화사회학적 탐구》, p. 68.

들은 사역자들에 대한 공동책임 의식이 강하기 때문에, 사역자가 무너지면 책임감을 갖고 3년간의 철저한 갱생甦生 기간을 줍니다. 그렇게 회복된 사람들의 사역 모습은 참으로 아름답고 감동적입니다. 무너지기 전과 차원이 다른 모습입니다. 아마도 그들의 진솔함 때문이겠지요.

그러나 한국 목회자나 선교사님들은 참된 회개가 있음에도 불구하고 갱생의 기회를 갖기 어렵습니다. 껍데기를 벗고 진실로 하나님의 은혜와 사랑을 경험할 수 있는 기회마저 잃어버린 채 절망감에 빠질 수밖에 없는 모습을 보면 회의감이 듭니다. 그렇게 하나님 나라를 위한 귀한 자원들이 쉽게 버려진다는 것이 너무 속상하기도 합니다. 그러나 안타깝게도 그것이 오늘 한국 교회와 선교기관들의 현실인 것 같습니다. 제가 제 자신을 노출시키는 수치심과 싸우며 이 글을 계속 써 나가는 이유도 그런 아픔 때문인지도 모릅니다.

3

인간 본성으로 본 중독

중독의 핵심은 허위와 가짜, 즉 '페이크'fake입니다. 최초의 인간 아담과 하와는 페이크의 아비[11]의 거짓된 약속을 믿고 따랐습니다. 비극적 종말을 맞이했죠. 그 후 개인사나 인류사를 곰곰이 짚어 볼 때 천의 얼굴을 가진 페이크의 지배를 받은 역사가 아니었나 생각하게 됩니다. 때로는 바알과 아세라의 모습으로, 때로는 온갖 인본주의적 제도와 이념으로, 오늘날에는 자유 자본주의와 4차 산업의 페이크[12]인 화폐란 시스템으로 말이죠.

'초정상 자극'supernormal stimuli이라는 용어가 있습니다. 니코 틴버겐 교수[13]가 처음 사용한 용어로, 이는 정상적이지 않고 실제보다

---

11. 성경은 "거짓의 아비"라 부른다(요 8:44 참조).
12. 《부자 아빠 가난한 아빠》를 베스트셀러로 만든 로버트 기요사키는 최근 책 《페이크》에서 현대는 어느 시대보다 페이크의 시대라고 주장한다. 원제목의 부제는 "Fake Money, Fake Teachers, Fake Assets: How Lies Are Making the Poor and Middle Class Poorer"이다.
13. 니코 틴버겐(Niko Tinbergen)은 동물행동학자로서, 1973년 노벨생리의학상을 받았다.

과장된 자극이란 뜻인데, 동물이 본성적으로 더 크고 색깔이 화려한 자극에 더 많이, 더 강하게 반응한다는 것입니다.[14] 이 같은 현상은 뻐꾸기가 자신의 알을 다른 새에게 맡겨 키우게 하는 탁란托卵 과정에서도 확인할 수 있습니다. 뱁새는 제 알보다 좀 더 크고 밝은 뻐꾸기 알 위에 앉기를 더 좋아하죠. 수컷 공작이 화려한 무늬로 암컷을 유혹하는 것도 초정상 자극을 활용하는 것입니다.

동물들이 초정상 자극에 반응하는 것은 많은 이점이 있습니다. 먼저, 초정상 자극은 건강한 개체임을 뜻합니다. 큰 몸집과 화려한 깃털을 만드는 데 굉장한 에너지가 필요한데, 개체가 질병에 걸리게 되면 그렇게 할 수 없죠. 질병에 걸리면 왜소하고 보기 싫은 색깔을 갖게 됩니다. 그리고 많은 연구에 의해 알려진 것은 그런 건강한 개체가 더 좋은 곳에 서식지를 만들고 더 협동적이고 새끼도 더 잘 보살핀다는 것입니다. 따라서 초정상 자극에 대해 반응하는 것이 동물들에게는 생존에 매우 유리한 전략이라고 할 수 있습니다.

초정상 자극은 인간에게도 본성의 일부입니다. 인간이 동물과 결정적으로 다른 점은 이 같은 '초정상 자극'을 스스로 만들어 낼 수 있다는 점입니다. 다시 말해, 인간은 초정상 자극을 일으킬 수 있는 페이크를 끊임없이 만들어 낼 수 있다는 것이지요. 한 예가 화장입니다. 화장의 역사는 인류의 역사만큼이나 길지요. 뿐만 아니라 비문명

---

14. 그는 검은머리물떼새(oystercatcher)가 회색 반점이 있는 작고 푸르스름한 알을 품고 있는 곳에 방울무늬가 들어간 큼직하고 새파란 모조알을 갖다 놓았다. 그랬더니 실물보다 더 크고 화려하게 과장된 모조품에 더 매력을 느끼고 품더라는 것이다. 그는 '자기 알이 아닌데 왜 품을까'라는 의문이 들었고, 연구 과정에서 그런 초정상 자극에 매력을 느끼는 것이 동물들의 본성이라는 것을 발견하게 되었다.

사회에서는 초정상 자극을 위해 여성들이 상처를 내 아랫입술을 두 툼하게 만듭니다. 때론 도자기를 끼워 넣어 길게 하기도 합니다. 그 런 초정상 자극을 활용한 사례는 현대에도 지속됩니다. 현대인들은 자신을 더 아름답게 만들려고 성형을 하지요. 얼굴은 물론 가슴과 엉 덩이를 더 크게 보이게 하기 위해 보형물이나 볼륨패드를 사용합니 다. 이 모두 초정상 자극을 활용하는 사례들입니다.

현대의 자유 자본주의 사회는 초정상 자극을 활용해 전대미문의 페이크들을 만들어 내고 있죠. 그리고 현대인들은 온통 그런 것들에 둘러싸여 있습니다. 어떤 과일보다 달콤한 초콜릿, 어떤 아기보다 눈 이 큰 봉제인형, 어떤 동네 청년보다 더 매력적인 연예인, 성적 상상 력을 한껏 자극하는 포르노그래피, 현실보다 훨씬 극적인 영화나 드 라마, 화려한 자동차, 끊임없이 호기심을 자극하는 게임, 한자리에서 모든 것을 해결할 수 있을 듯한 편리성, 위협적인 적에 대한 끝없는 선전 선동이 그 예들입니다. 그리고 이 페이크 사회를 퍼뜨리는 데 가 장 큰 몫을 하는 것이 텔레비전·인터넷 등 대중매체죠.

하버드 의과대학 교수인 디어드리 배릿^{Deirdre Barrett}은 이 초정상 자극 이론을 현대에 부활시켜 현대인의 중독과 집착 현상을 명쾌하 게 설명합니다.

… 현실 속에 살아 숨 쉬는 인간관계를 몰아내고 그 자리를 차지 해 버린 텔레비전, 스포츠, 게임… 인간은 왜 중독과 집착, 나아 가 인지 문제를 일으키는 인공물들의 위험한 자극에서 벗어나지 못하는가? … 음식, 섹스, 영역 보호에 대한 인간의 끈질긴 욕망

은 진짜보다 더 강렬한 모조품인 '초정상 자극'에 속한다. 인간의 감각과 본능을 자극해 과잉 행동을 유발하는 '초정상 자극'에 속는다.

인간에게 초정상 자극은 본능입니다. 잘 알고 유용하게 활용하면 축복이 될 수도 있지만 남용濫用하면 저주가 될 수도 있죠. 그런 초정상 자극이 우리 안에 있습니다. 최초의 인간 아담과 하와는 에덴동산에서부터 그 본능을 남용해 자신들에게 저주를 불러왔습니다. 현대인들 또한 여전히 그 본능을 가지고 있고 더 열악한 환경에 노출돼 있습니다.

이런 본능을 가지고 이 세상에 살면서 중독 가능성을 부인하는 것은 오히려 더 위험할 수 있습니다. 차라리 그 실체를 알아 가며 진솔하게 그 가능성을 인정하고 면밀히 검토하는 것이 더 안전하고 희망적이지 않을까요?

제가 추구하던 삶 자체가 페이크, 중독의 세계임을 깨닫고 그로 인해 자유케 하는 새로운 삶을 열어 주신 것에 감사하며 역설적으로 그 길로 들어서게 한 저의 중독성에 깊이 감사하고 있습니다. 그리고 4차 산업의 발달과 코로나19로 인한 비대면사회의 급속한 확산과 점점 깊어져 가는 중독 사회로의 전환을 바라보면서 이 시대에 기독교가 좀 더 의미 있게 다가갈 수 있다는 기대감을 갖게 됩니다.

중독과 호르몬

중독의 종류를 수십 가지로 나누고 설명할 수 있습니다.
하지만 꼭 기억해야 할 것은 중독이 모두
이 세 가지 화학물질 중에 하나 또는
상호작용에 기인한다는 것입니다.

틈만 나면 게임 한다고/ 중독이라 하지만// …// 틈도 없이
잔소리하는/ 엄마가 중독이지

앞에서 소개했던 〈중독〉이라는 시입니다. 초등학생이 지은 것으로 알려진
이 깜찍한 글은 실상 그 어머니 강기화 시인의 글이라고 하네요. 그렇다면
매우 희망적인 글이죠. 왜냐하면 중독자들은 자신이 중독자라는 것을 철
저하게 부인denial하기 때문이죠. 중독의 본질은 거짓과 부인입니다. 그렇기
때문에 치료 과정으로 들어갈 때, 제일 힘든 고비는 "아, 내가 중독자구나"
라는 것을 인정하고 수용하는 것입니다. 중독자들은 늘 중독에 쓰러지면서
도 자신의 의지와 노력으로 극복할 수 있다는 과대망상을 가지고 있습니
다. 이로 인해 자신과 주위 사람들에게 상습적으로 거짓말 아닌 거짓말을
하게 되죠. 그들이 '거짓의 사람들'이라 불리는 이유이기도 합니다. 따라서
이 병을 극복하려면 중독에 대해 철저하게 이해하고 정직하게 자신을 들여
다보며 중독자라는 것을 온전히 수용accepting해야 합니다. 그런데 어머니가
이런 글을 쓰다니 잔소리 중독일지라도 이미 반은 치료된 것이나 마찬가지
니 희망적이지 않겠습니까?

1

자기처방약

영어로 중독은 '어딕션'addiction으로 '어드'ad와 '딕'dic이 합쳐진 명사인데, '어드'는 '~에게'to, '딕'은 '말하다'speak로 '계속 말하다', '계속 속삭이다'라는 뜻입니다. 멈추거나 끊고 싶은데 그럴 수 없다는 것이죠. 한자어로는 '독'(毒)에 '빠졌다'(中)는 뜻으로 '중독'(中毒)입니다. 두 단어로 풀어 보면 한때는 유익한 것이었는데 계속 사용하다 보니 어느새 독毒, 즉 해害가 되어 끊거나 빠져나오고 싶어도 그렇게 할 수 없다는 뜻을 담고 있습니다.

미국 국립약물남용연구소에서 제시한 중독 내용에 따르면[1] 중독 물질을 취하거나 행위를 하는 주된 목적은 스트레스 혹은 고통을 느낄 때 기분 전환mood change을 위해, 즉 자신을 달래기 위함self-soothing

---

1. 전문가들은 〈정신질환의 진단 및 통계 편람〉 제5판에 제시된 기준에 따라 중독을 진단하고 있지만 너무 전문적이고 복잡하여, 이 책에서는 미국 국립약물남용연구소에서 제시한 중독 내용을 소개하였다. 하이(high)나 업(up)을 느끼려고, 스트레스를 해소하려고, 성과를 향상시키려고, 호기심과 또래 집단의 압력에서 벗어나려는 등의 이유로 중독 물질을 취한다고 한다.

임을 알 수 있습니다. 그래서 중독 물질을 자기처방약self-prescriptive medicine이라고도 합니다. 그 대상이 무엇이든 취하면 일시적으로 안도감과 편안함 그리고 살아 있음을 느끼게 됩니다. 처음에는 효과적이었지만 오직 그것만을 통해 자신을 달래다 보니 중독이 된 것입니다.

중독은 특정 물질이나 행위로 기분전환(기분 조절)을 위해 사용하던 것이 이제는 오히려 해가 되었음에도 불구하고 멈출 수 없는 상태를 말합니다. 기분을 조절하려다 오히려 그것에 완전히 조절당한 상태, 통제력을 상실한 상태가 되는 것입니다. 이것이 바로 하버드대학교의 하워드 쉐퍼Howard J. Shaffer 박사가 말한 4C에 따른 중독 정의입니다. 이에 따르면 중독은 "갈망the Craving에서 강박the Compulsion에 이르는 감정 스펙트럼에 의해 움직이는 행동, 유해한 결과를 초래함에도 지속적으로 사용Continuous use, 마침내 통제력을 상실loss of Control2하고 철저하게 의존할 수 밖에 없는 의존dependence병이죠.

제가 이 정의를 좋아하는 이유는 간결하고 분명하여 누구나 적용할 수 있기 때문입니다. 또한 우리 생활 영역에 광범위하게 잠행하는 중독들을 들여다볼 수 있도록 합니다.

보편적으로 중독이 되었다는 것을 판단하기 위해서는 정신적 의존성, 내성, 금단현상 이 세 가지 조건을 만족시켜야 합니다.

---

2. 하워드 쉐퍼 박사는 모호한 중독 정의를 벗어나고자 중독의 특징적 행위를 골라 '4C'로 간결하게 정의하였다. Behavior that is motivated by emotions ranging along the Craving to Compulsion spectrum, Continued use in spite of adverse consequences, and Loss of Control. https://www.divisiononaddiction.org/html/whatisaddiction.htm#ixzz2nhQRTdgi

중독에 많은 시간을 쓰다 보니 직장, 학교 또는 가정에서 주요 과제를 제 시간에 완료하지 못하게 되고 사회, 노동 또는 여가 활동이 점점 축소되고 결국 포기하게 됩니다. 이미 경제적으로 심각한 타격을 받았으나 중독을 유지하기 위해 계속 타인을 속여야 합니다. 그리고 최종적으로 사회로부터 완전히 소외당하고 가족으로부터 버림받게 됩니다.

무엇이 그렇게 만들까요? 이제는 중독과 관련된 주요 신경전달물질神經傳達物質, neurotransmitter[3]과 그 기제機制, mechanism를 살펴보겠습니다.

---

3. 신경전달물질은 뇌내 호르몬이다. 신경 세포에서 분비되는 신호 물질로, 신경과 신경 간의 정보 교환을 가능하게 한다.

2

도파민과 코르티솔의 싸움

중독과 관련된 주요 신경전달물질은 도파민, 아드레날린, 그리고 엔도르핀입니다. 이 셋은 목적과 기능에서 서로 차이가 있습니다. 모두 쾌감을 일으키지만 지나치면 병적으로 의존하게 만들 수 있습니다. 예를 들면 인스타그램에 '좋아요'가 올라가는 것을 보며 느끼는 짜릿한 쾌감과 환희는 도파민으로 오는 것이고, 롤러코스터 시승에서 경험할 수 있는 흥분과 쾌감은 아드레날린에서 오는 것입니다. 이에 반해 달리기 애호가들이 신체적 고통에서 느낄 수 있는 도취감은 엔도르핀에서 온 것입니다.[4]

중독의 종류를 수십 가지로 나누고 설명할 수 있습니다. 하지만 꼭 기억해야 할 것은 중독이 모두 이 세 가지 화학물질 중에 하나 또는 상호작용에 기인한다는 것입니다. 그중에 제일 중요하게 다뤄야 할 도파민부터 알아보겠습니다.

---

4. 이것을 '러너스 하이'(Runner's High)라고 한다.

도파민

도파민은 뇌에서 여러 가지 중요한 기능을 하지만 중독과 관련된 '동기-보상 시스템'에 관한 것만 언급하겠습니다. 명칭 그대로 이 시스템은 사람들이 의사결정이나 행동을 하게 하는 동기 그리고 보상과 쾌락에 주된 역할을 합니다. 예를 들어, 생존이나 번식 등에 이로운 행동을 했을 때 도파민이 분비돼 우리에게 만족감을 줌으로써 그 행동을 습관화하게 합니다. 만일 이 시스템이 없다면 학습이나 동기부여가 불가능합니다.

고생 끝에 즐거움이란 뜻으로 고진감래苦盡甘來라는 말이 있습니다. 그 즐거움이 바로 도파민입니다. 고등학교 때 선생님이 가끔 "공부하기 힘들면 원하는 대학교에(동기) 합격해서(보상) 캠퍼스를 걷고 있다는 장면을 상상해 보라(쾌감). 그러면 다시 의욕이 일어날 것이다"라고 동기부여를 하곤 하셨죠. 흥미로운 것은 합격했을 때는 물론이지만 그 장면을 상상만 해도 도파민이 나온다는 것입니다. 한마디로 도파민은 우리가 동기를 가지고 움직이는 모든 것에 다 작용을 합니다. 우리 삶에 도파민 회로, 이 동기-보상 시스템이 작동하지 않은 경우는 별로 없습니다. 신앙적, 도덕적, 이성적 동기와 보상에도 당연히 깊이 관여되어 있습니다.

이렇게 좋고 필수불가결한 도파민인데 어떻게 '쾌락 호르몬'이라는 악명을 뒤집어쓰게 되었을까요? 바로 중독성 때문입니다. 어떠한 이유로 뇌에 도파민이 지나치게 급격한 속도로, 일정 수준 이상 많아지면 우리는 비정상적으로 과한 쾌감을 경험하게 됩니다. 그리고 그

보상을 추구하게 되죠. 마약이나 술을 먹거나 성적 경험으로도 이런 비정상적인 도파민을 경험하게 됩니다. 뿐만 아니라 극적 성취감이나 승리감, 스릴 추구, 쇼핑, 병적 도벽이나 방화 등도 그런 상태를 만들죠. 포르노나 컴퓨터 게임 같은 것은 일부러 그렇게 느끼도록 상업적으로 만든 것입니다.

그런데 우리 신체의 모든 부분은 항상성恒常性[5]을 유지하고 싶어 합니다. 따라서 뇌는 오히려 그 자극을 받아들이는 도파민 수용체 수를 줄이거나 구조의 변화를 일으켜 감수성을 떨어뜨립니다. 이로 인해 다음에 같은 수준의 쾌감을 위해서는 더욱 강한 도파민 자극을 요구하게 됩니다. 이것이 내성耐性입니다. 신경적응이라고도 하죠. 이렇게 해서 점점 더 많은 자극을 요구하게 되는데 이를 '양성강화' 현상이라고 말합니다. 결국 이 내성과 양성강화가 중독의 기전機轉, mechanism이 되는 것입니다.

앞서 고등학교 선생님의 예를 들며 상상만 해도 도파민이 나온다고 했죠. 정확히 표현하면, 상상 속에 도파민이 살짝 나와서 흥분시켜 강박적으로 진짜 도파민이 주는 쾌감(보상)을 추구하게 만든다고 할 수 있습니다. 이것을 이해하는 것이 중요한 이유는 일단 중독 생각이나 욕망이 생기면 극복하기 힘들기 때문입니다. 종교개혁자 루터가 "새가 머리 위를 지나가는 것은 막을 수는 없다. 그러나 내 머리 위에 둥지를 트는 것은 막을 수 있다"라고 했습니다. 그러나 실제 중독된 사람에게는 이것이 불가능한 일입니다. 어느 정도 저항을 할 수

---

5. 늘 같은 상태를 유지하는 성질을 뜻한다.

는 있어도 결국 실행을 하고야 맙니다.

어떤 분이 의사 친구에게 "요즘 뭐 해?"라며 질문을 했더니, "차 보여 줄게"라고 하더랍니다. 그 의사 친구는 언제든지 지나가는 멋진 차를 보게 되면 '저 차를 내가 가진다면…'이라는 상상을 하는데, 그 상상만으로도 흥분된다고 합니다(도파민 방출). 그래서 차를 계속 바꾸는데, 그로 인한 경제적 문제로 그때까지도 월세를 살고 있었다고 합니다. 어느 날 부부 모임에서 다른 친구가 그 의사 친구의 아내를 보고 "참, 인내심이 대단합니다. 부럽기도 하고 존경스럽기도 하네요"라고 했더니 "나 바꾸지 않은 것만도 다행이에요"라고 해서 모두 박장대소했다고 합니다. 사실 웃을 일은 아니죠. 이것이 "모두 병이 들었지만 아무도 아프지 않았다"고 하는 그런 중독이니까요.

자유 자본주의 세계는 무한 경쟁입니다. 이런 세계에서 사업을 하려면 도파민을 이용할 줄 알아야 합니다. 갖고 싶다는 강렬한 욕망, 즉 과도한 도파민 방출을 유도할 줄 알아야 합니다. 일단 여기에 걸려들면 벗어나기 힘드니까요. 사업가는 자신의 도파민적 욕망desires으로 끊임없이 소비자의 도파민적 욕망을 일으키며 구매 의욕을 높이고, 소비자는 자신도 모르게 단지 사고 싶다는 도파민적 욕망에 강박적으로 소비하는 사회가 되지 않았나 합니다. 이런 사회 구조를 중독 사회라고 하는데 대한민국은 통계에서 말하듯 그 중심에 있는 것 같습니다. 중독 사회에 살면서 어떤 욕구가 일어날 때마다 이것이 정말 내가 필요한 것needs인지 아니면 욕망하는 것인지 끊임없이 스스로에게 질문을 던져야 할 때가 된 것 같습니다. 그러지 않으면 중독적 사회의 희생물이 될 위험이 높아졌기 때문입니다.

아드레날린과 코르티솔

아드레날린은 도파민과 같은 흥분 신경전달물질로, 뿌리는 같지만 메커니즘은 전혀 다릅니다. 도파민은 쾌감을 주어 반복적으로 찾도록 학습되게 만드는 것입니다. 그러나 아드레날린은 도전적인 상황에 처할 때 우리로 하여금 스트레스를 받게 해서 그 상황에 대처하게 하는 호르몬입니다. 만일 깊은 숲속을 지나는데 갑자기 곰을 마주쳤다고 상상해 보세요. 어떻게 하겠습니까? 아마 당신은 화들짝 놀라 순간적으로 싸우거나[fight], 도망가거나[flight], 또는 죽은 척을 하거나[freeze] 상황에 맞게 대처할 것입니다.[6] 싸우거나 도망칠 때는 초인적인 힘을 발휘하게 될 것입니다. 이와 같은 스트레스 상황을 대처하게 하는 것이 바로 아드레날린입니다. 그래서 스트레스 호르몬이라고 부릅니다.

아드레날린은 코르티솔과 더불어 대표적인 스트레스 호르몬으로 알려져 있습니다. 둘의 차이는 전자는 3시간만 지속될 수 있는 단거리용이라면, 후자는 3일까지 가는 장거리용입니다. 이들은 모두 위와 같은 응급 상황에 대처해서 싸우거나 도망칠 수 있는 상황을 만들어 주는 스트레스 호르몬들입니다.[7] 근육을 긴장시켜 대응하게 하고 그렇게 할 수 있도록 지속적으로 에너지를 공급해 줍니다. 이를 위해서 심장을 펌프질하고 혈관을 수축시켜 혈액순환을 빠르게 하여 모

---

6. 이를 스트레스에 대한 세 가지 반응(3 Fs'responses)이라고 한다. 싸우(fight)거나 도망(flight)할 수도 없다면, 그냥 얼어(freeze) 버리는 것이다.

든 힘을 모아야겠죠. 상상해 보세요. 몸이 얼마나 긴장되고 힘들지! 그와 상응해서 당연히 마음도 불안하고 초조하죠.

그런데 흥미로운 것은 이것이 스트레스 호르몬임에도 불구하고 중독될 수 있다는 것입니다. 첫째는 스트레스 호르몬과 도파민과의 관계 때문이고, 둘째는 스트레스 호르몬에 중독된 사람들은 계속 스트레스 거리를 찾기 때문이죠. 우선 첫 번째 이야기부터 풀어놓겠습니다.

앞에서 아드레날린을 소개할 때 롤러코스터를 언급했습니다. 누군가 당신에게 롤러코스터를 타자고 제안했다고 가정합시다. 당신은 이 제안을 받아들일지 말지 고민할 것입니다. 스트레스를 받은 것이죠. 받아들이든^{fight}, 거절하든^{flight} 그에 따른 물리적 또는 심리적 득실, 즉 보상과 벌이 있을 것입니다. 주저하다가 받아들였다고 합시다.

롤러코스터를 탄다는 상상만 해도 스트레스가 되죠. 타기 전에 이미 기대감과 긴장감으로 상기되어 있을 것입니다. 천천히 위로 끌려 올라가며 정상에 잠시 멈추었을 때 긴장감은 최고조에 다다를 것입니다. 그리고 그 찰나 급격히 떨어지며 극도의 공포감을 경험하며 다양한 반응을 하게 될 것입니다. 어느 순간 종착점에 다가가고 있다는 인식과 더불어 끝났다는 황홀한 안도감과 해냈다는 쾌감에 환한

---

7. 스트레스 호르몬은 신장(콩팥) 위에 붙어 있는 부신에서 나온다. 스트레스 상황을 접하게 되면, 시상하부(Hypothalamus)에서 뇌하수체(Pituitary)에 신호를 보내고 뇌하수체는 부신(Adrenal)에 신호를 보내 스트레스에 대처할 수 있는 아드레날린과 코르티솔을 방출한다. 이 체계를 HPA축이라고 한다. HPA는 몸을 늘 같은 상태로 유지하는 성질, 즉 항상성 유지에 중요한 역할을 한다.

미소를 지을 것입니다. 이는 아드레날린에 이어 도파민이 밀려오면서 생기는 현상입니다. 이 정도면 충분히 중독될 만하겠지요? 목숨을 잃을 수 있는 곡예비행, 산악 등반과 같은 극한의 모험에 중독되는 이유도 마찬가지입니다. 야밤의 불법 카레이스, 병적 방화나 도벽, 각종 도박 중독, 러시안 룰렛 게임[8]도 같은 이유입니다.

남편의 선물 옵션 투기로 이혼 절차를 밟고 있는 성도를 도운 적이 있었습니다. "목사님, 혹시 선물 옵션이 무엇인지 아세요? 선물 옵션의 재미를 알면 카지노나 경마 같은 것은 시시해서 못한대요. 주식은 값이 오르고 내려가는 데에 한계가 있어서 어느 정도 움직이면 손절매를 하고 나올 수도 있죠. 그런데 선물 옵션은 최후의 순간(결제일)까지 그 승부를 알 수 없어요. 그래서 막판까지, 순식간에 휴지 조각이 될 때까지 엄청난 흥분과 기대감 속에 매달려야 해요"라고 하더군요. 남편의 선물 옵션 투기를 해결해 보려 10년 동안 할 수 있는 방법은 다 동원해 봤지만 결론은 가족이 다 길거리에 나가 앉거나 죽어야 끝날 지독한 중독이 되어 버렸다는 것입니다. 실제 컴퓨터 게임도 이와 유사한 속성을 갖고 있습니다. 그 마지막 승부를 위해 무한으로 반복할 수 있기 때문에 중독되는 것이죠. 그런데 이것이 과연 선물 옵션, 컴퓨터 게임만의 이야기일까요?

저 또한 무엇인가로 늘 게임을 하며, 또 그 맛에 살아가고 있다는 것을 알게 되었습니다. 인간은 태생적으로 게이머입니다. 그러나

---

8. 로버트 드 니로가 주연인 영화 〈디어 헌터〉의 한 장면이기도 했던 러시안 룰렛은 회전식 권총에 총알 한 발만을 넣고 서로 돌아가며 자신의 머리에 쏘게 하는 게임이다. 한 사람이 죽어야 끝나는 도박 게임이다.

자유 자본주의의 무한경쟁 속에 살아가는 현대인들은 완전히 차원이 다른 게이머들입니다. 현대인들은 모두 그런 흥분감과 기대감 속에 살아가고 있습니다. 이 모두 스트레스 호르몬인 아드레날린 효과입니다.

이제 현대인들은 스트레스 없이는 살 수 없는 존재가 되어 버린 것 같아요. 힘들다고 신음하면서도 계속 아드레날린을 찾는, 스트레스에 중독된, 그래서 스스로 스트레스를 만들어 내는 모순적 존재로 온갖 성인병과 돌연사의 위협에도 불구하고 멈출 수 없는 아드레날린 중독자 말이죠.

이제 스트레스 호르몬에 중독되는 두 번째 이유를 살펴보겠습니다. 현대인들은 절벽 타기와 같은 무한 경쟁 속에서 살아갑니다. 이는 마치 절벽에 난 길을 따라 그 끝을 걸어가는 듯한 느낌입니다. 알 수 없는 위기와 긴장감 속에 해치워야 할 여러 가지 일들을 동시에 품고 하나가 끝나기 무섭게 또 다른 것을 쫓아야 합니다. 늘 이렇게 쫓기며 분주하게 살아도 끝이 없죠. 거기에다 언제 적이 불쑥 나타날지 또는 함께했던 상대가 적으로 돌변할지 모르는 도시 정글 속을 살아가야 하니 늘 경계심을 높여야 합니다. 가만히 돌이켜 보세요. 결코 과장은 아니라고 생각합니다. 한마디로 현대인들은 만성적 스트레스 호르몬인 코르티솔 속에 찌들어 살아야 하죠. 다시 말해 코르티솔에 중독된 상태라는 것입니다. 그렇게 코르티솔에 젖다 보니, 스트레스가 없으면 오히려 불안합니다. 가만히 있거나 아무 일도 없으면 더 불안하게 됩니다.

술 중독자인 아버지는 12시가 넘어서야 집에 돌아와 난장판을 벌인 후 깊이 잠에 들었다고 합니다. 그제서야 모든 것이 끝났다는 안도감으로 온 가족도 잠에 들었다고 합니다. 그런데 가끔 술을 먹지 않고 오시는 날도 있었는데 그런 날은 오히려 가족이 더 잠을 못 잤다고 합니다. 뜬눈으로 꼬박 지새운 적도 있었다고 합니다. 가족에게는 난장판이 끝나야 끝나는 것인데 끝나지 않은 불안감에 잠을 못 자는 것이죠.

이와 같이 스트레스 호르몬에 중독되면 스트레스가 없는 것이 오히려 더 불안하게 됩니다. 그래서 가만있지 못하고 끊임없이 스트레스거리를 찾거나 일으키려 합니다. 현대인들은 가만히 있지 못합니다. 끊임없이 무엇을 하거나 보거나 들어야 합니다. 이도 저도 할 수 없으면 끊임없이 생각이라도 해야 하죠. 이것이 스트레스 호르몬에 중독되었다는 것입니다. 일 중독, 스마트폰 중독, 소음 중독, TV 중독, 뉴스 중독, 책 중독, 관념 중독 등 모두 스트레스 중독의 모습이라고 할 수 있습니다.

엔도르핀

요즘 한국 사회는 매운 맛에 중독이 된 것 같습니다. 제가 알고 있는 한 젊은이는 스트레스를 받는 날에는 자신도 모르게 매운 음식을 찾게 된다고 합니다. 떡볶이, 불닭, 볶음면, 매운 짬뽕 등 땀이 날 정도로 이런 매운 음식을 먹다 보면 시원하게 스트레스가 풀리는 것 같다고 합니다.

실제 매운 음식은 스트레스 해소에 도움을 줍니다. 매운맛은 우리 혀에 엄청난 '통증'이죠. 그 통증을 줄이기 위해 몸에서 진통제 역할을 하는 '엔도르핀'[9]이 분비됩니다. 엔도르핀은 '체내 모르핀'(마약)이라는 뜻입니다. 마약을 맞은 것과 같은 것이죠. 그러니 기분이 어떻겠습니까? 묘한 도취감에 빠지게 됩니다. 그 효과로 기분이 업^{up}되어 스트레스 완화 효과를 경험하게 되는 것입니다.

나이 드신 분들은 엔도르핀 하면 이상구 박사를 떠올리실 겁니다. '웃고 즐거운 생각을 하면 엔도르핀이 많이 나와 건강해지니 늘 웃으며 살자' 하며 대한민국을 엔도르핀 열광으로 몰아넣었었죠. 그때 아마 엔도르핀은 '좋은 호르몬'이란 인상을 갖게 되었을 거예요. 그런데 엔도르핀은 실제로는 신체가 극도의 고통을 느낄 때 분비되는 진통 호르몬입니다.

엔도르핀은 마약성 진통제에 비해서도 100−300배나 강력한 진통 효과를 가지고 있습니다. 엔도르핀이 최대로 올라갔을 때에는 신체적으로 아무런 고통을 느끼지 못합니다. 그래서 팔다리가 부러진 상황에서도 아무렇지 않게 움직일 수 있지요. 그러나 지속 효과가 짧아서 일단 위기 상황을 벗어나면 갑자기 극도의 통증을 느끼게 됩니다. 예를 들어, 자전거나 자동차에 부딪힌 사람이 벌떡 일어나 괜찮다고 하며 황급히 자리를 뜨려고 할 때가 있죠. 그때는 정말 괜찮은 것 같지만, 많은 경우 자고 일어나면 온몸에 심한 통증을 느끼기 시작합니다. 엔도르핀 때문에 일어나는 현상입니다.

---

9. 엔도르핀(endorphin)이라는 단어는 말 그대로 '안쪽'이라는 뜻을 가진 'endogenous'라는 단어에 모르핀(morphine)을 합성시켜서 만든 것이다.

마라톤을 즐기는 분들 중에는 무릎이 망가지고 발목이 상해도 달리는 것을 멈추지 못하는 분들이 계십니다. 마라톤 중에 고통이 극한에 이를 때 엔도르핀의 끝판왕인 베타 엔도르핀을 경험하기 때문입니다. 극도의 신체적 한계(고통) 속에 갑자기 밀려오는 황홀한 도취감에 빠져 황홀한 완주를 하게 되는데 이를 '러너스 하이'라고 부릅니다. 한번 그 맛을 보면 멈추기가 힘들다고 합니다. 내성이 생겨 강도를 높이기 때문에 몸뿐만 아니라 여러 가지 문제를 일으키는데도 불구하고 멈출 수 없습니다. 엔도르핀이란 진통 호르몬에 중독된 것이라 할 수 있죠. 이를 '운동 중독'이라 합니다.

앞에서 언급한 신경전달물질들처럼 엔도르핀은 유익한 것입니다. 오랫동안 달리는 것은 힘들고 괴로운 것이죠. 그러나 적으로부터 도망가거나 먹이를 구하기 위해 숨이 턱에 닿더라도 달려야 할 때가 있습니다. 그런 상황에 뇌는 신체적 고통을 잊고 그 임무를 완수할 수 있도록 베타 엔도르핀을 분비하여 우리의 생존율을 높여 주게 되는 것입니다.

전문가들은 베타 엔도르핀이 신체적 고통뿐만 아니라 극도의 정신적 스트레스를 견딜 수 있는 인내력과 지구력을 준다고 추정합니다. 여기서 알아 두어야 할 것은 몸은 실제로 신체적 고통(스트레스)과 정신적 고통(스트레스)을 구별할 수 없다는 것입니다. 단지 우리가 그렇게 생각할 뿐 뇌는 같은 것으로 인식합니다.

뿐만 아니라 베타 엔도르핀은 우리 면역력을 높여 몸을 건강하게 만들어 줍니다. 기억과 학습력을 높여 주어 의욕 넘치는 삶을 살게 하는 힘도 줍니다. 우울증 환자들에게 운동을 권하는 이유는 운동 후

상쾌함과 의욕이 생기기 때문인데, 바로 이 베타 엔도르핀 덕분이죠. 걷기, 달리기 등의 운동을 할 때 평상시보다 5배나 많이 분출됩니다. 이러한 이유에서 베타 엔도르핀을 '파워 호르몬'이라고도 부릅니다.

이렇게 좋은 신경전달물질들이지만 쾌감을 얻기 위해 남용하고 정신적으로 의존하는 상태가 되면 파괴적인 중독이 될 수 있습니다. 중독은 과유불급입니다. 아무리 좋은 것도 도가 지나치면 오히려 독이 되어 중독에 빠지게 할 수 있습니다.

3

중독, 우연한 그대

모두가 중독 하나쯤 갖고 있지/ 나에게는 우연히 그대가 되었을 뿐

위 시는 중독자 모임에서 어느 한 분이 발표한 시인데, 시인은 무엇이든 중독이 될 수 있다는 말을 "우연히 …일 뿐"이라고 표현했습니다. 그런데 이 시인의 천재성은 중독인 그것^{it}을 "그대"^{thou}라고 불렀다는 것입니다. 중독은 내면에 사람이 아닌 어떤 물질이나 행동과 특별한 관계를 맺는 과정에서 생기는 것입니다. 이런 과정을 통해 '그것'들은 '그대'가 됩니다. 예를 들면, 술 중독자에게 술은 단순한 술이 아닙니다. 유일하게 편안하고 친근감[10]을 느낄 수 있는 벗, 본드로 붙여 놓은 것 같이 떼어 낼 수도 끼어들 수도 없는 벗, 그러나 궁극적으로 파괴적인 벗이 된 것이죠. 술을 드시는 분이 술과 중얼거리

---

10. 이를 전문적인 용어로 유대감(紐帶感)이라 한다. 유대감은 아주 가깝고 친밀하게 연결감을 느낄 수 있는, 마치 본드(bond)로 붙여 놓은 것 같이 떼려야 뗄 수 없는 관계를 뜻한다. 본딩(bonding)은 원래 엄마와 유아 사이에 맺어지는 특별한 유대감을 의미한다.

는 모습을 본 적이 있을 것입니다. 슬프지만 우습죠. 정상적이지 않은 관계이기 때문입니다.

　원래 지정의로 구성된 인간person은 인간과 관계를 갖는 것이 정상입니다. 진정한 관계란 정서적인 깊은 교류를 통해 가능합니다. 물질이든 행위이든 비인격체인 '그것'과는 그런 관계가 불가능합니다. 술 중독자가 술과 갖는 관계는 자기 투사적이며 자기욕구 중심적인 일방적인 관계입니다. 술의 입장에 대해서는 아무런 관심이 없고 가질 필요도 없죠. 그래서 참된 관계가 아니라고 한 것입니다. 이것이 중독자의 관계적 특징입니다. 이런 특징하에 중독을 크게 물질 중독과 행위 중독으로 나누어 설명할 수 있습니다. 전자는 물질을 통해 후자는 특정 행위를 함으로써 기분전환 효과를 얻는 것입니다.

　우리는 '중독' 하면 흔히 사회적으로 심각한 문제가 되는 술, 담배, 마약과 같은 것들을 떠올립니다. 이런 것들을 물질 중독이라 하는데, 이들에 취하면 기분이 좋아지게 됩니다. 스트레스를 받을 때 유난히 찾게 되는 음식물들 또한 물질 중독에 포함될 수 있습니다. 이해인 시인의 시 〈감자〉를 보면 그 마지막 부분이 이렇게 끝납니다.

　　화가 날 때는/ 감자를 먹으면서/ 모난 마음을 달래야겠다

　그렇다면 감자에도 중독될 수 있단 말입니까? 당연하죠. 밥, 국수, 빵, 그리고 과자 등에도 중독될 수 있으니까요. 그 무엇이든 의존, 내성, 금단현상에 이르면 중독된 것입니다. 이런 것들을 탄수화물 중독이라 합니다. 비슷한 이유로 단 것에도 중독될 수 있습니다.

그러나 먹는 것에만 중독되는 것은 아닙니다.

보건복지부에서는 몇 년 전부터 한국의 4대 중독으로 알코올, 도박, 인터넷, 마약 중독을 지목했는데, 이 중 도박이나 인터넷은 먹는 것이 아니죠. 이런 중독을 행위 중독이라 합니다. 무엇을 할 때 스트레스가 해소되고 일시적으로 기분이 좋아지는 것들을 말합니다. 요즘 사회적으로 만연된 문제 중 음란물, 성추행, 그리고 성 중독도 행위 중독에 해당되나 이런 것들은 통계에도 들어가지 않죠.

만일 쇼핑, 명품 구매, 종교 행위 등도 오로지 스트레스 해소 및 기분전환을 위한 목적으로 진행된다면, 이들 또한 행위 중독에 포함됩니다. 늘 새로운 것을 찾고 추구하는 행위도, 가만히 있으면 불안해서 견딜 수 없어 끊임없이 무엇을 해야 하는 것도, 생각하지 않으면 불행감이 엄습해 끊임없이 무엇인가를 생각해야 하는 것조차도 행위 중독이라 할 수 있습니다.

인간에게 가장 큰 욕구는 다른 사람들에게 인정과 사랑을 받고 싶은 욕구가 아닐까 합니다. 그러나 그것이 욕구를 넘어 자기 결핍에서 나오는 욕망과 환상이 되면 그 또한 중독이 됩니다. 이를 인정 중독, 영웅 또는 구원자 중독이라고 하는데 실은 여러 종류의 행위 중독의 몸통이라 할 수 있습니다.

우리는 무엇에든지 중독될 수 있다고 말씀드리며 "나에게는 우연히 그대가 되었을 뿐"이라는 시 구절을 소개했습니다. 말 그대로 그 숫자는 거의 무한이라 할 수 있습니다. 20년 전에 누가 게임이나 스마트폰에 중독될지 상상이나 했겠습니까! 옛것도 있지만 새로운 것도 계속 생길 것입니다. 그러니 구체적으로 하나하나 언급한다는 것은 지면상 불가능하고 큰 의미도 없을 것입니다. 좋은 것을 포함해 무엇이든 중독이 될 수 있기에 여기서는 가장 근본적이고 보편적이며 꼭 기억해야 할 몇 가지 행위 중독만 소개하고자 합니다.

에고 중독

에고 중독은 공식적 명칭이 아닙니다. 병적 자기도취 또는 자기애narcissism를 그렇게 부른 것입니다. 에고, 즉 자아[11]에 완전히 중독된, 빠져 있는 상태를 뜻합니다.

임상심리학계는 오래전부터 이 중독이 코로나19 팬데믹 현상처럼 세계적으로 확산되고 증가되는 것을 보고해 왔습니다. 이는 전 세계적으로 공동체가 해체되고 탐욕적 자본주의가 키워 낸 개인주의와 집단이기주의가 그 자리를 대신하며 일어나는 현상으로 보고 있다는 말입니다. 미국의 정신의학자인 하인즈 코헛Heinz Kohut은 70년대부터 전 세계적으로 확산되는 이런 현상을 면밀히 고찰하여 자기심리학이라는 이론을 발전시켰습니다.

이를 이해하기 위해 잠시 '에고'에 대해 알아보겠습니다.

에고는 우리 몸에 뿌리를 두고 우리 자신에게 집중하게 하는 정신적 에너지입니다. 우리로 하여금 물리적 생존과 번영에 집중하게 하고 우리 자신을 타인과 구별케 하는 정신적 에너지입니다. 태어나

---

11. 에고(ego)는 우리말로 '자아'(自我)라고 번역한다. 다른 사람(대상)으로부터 스스로를 구별하는 지칭이다. 정신적 에너지가 자기 자신에게 집중된 상태로, 자신에 관한 각 개인의 의식 또는 관념을 뜻한다.

서 한 달 후부터 발현되기 시작하며 만 3세가 되면 거의 완성됩니다. 이로 인해 사람들은 자신과 타인을 구별하고 한 독립된 인격체로 성장의 길을 걷게 됩니다. 자아의식自我意識[12]과 체면의식 그리고 사회성이 여기서 발전하게 되는 것입니다. 뿐만 아니라 에고는 도전적인 환경에서도 다양한 방어기제[13]를 만들어 우리로 하여금 적절하게 대응하여 생존율을 높여 주고, 때로는 번영까지 이르게 하니 참으로 고마운 것이죠. 에고 덕분에 사는 것입니다. 몸을 가지고 살아 있는 한 누구도 에고에서 자유할 수 없고 또 자유해서도 안 됩니다. 중요한 것은 주인 의식입니다. 주인이 되어 에고를 잘 이끌 줄을 알아야 하겠지요. 그러지 않으면 에고가 주인이 되어 우리를 종처럼 부릴 테니까요. 이런 상태를 에고 중독이라고 합니다.

어떻게 에고 중독이 될 수 있을까요? 근본 원인은 가정과 현대 사회에 있습니다. 에고 욕구를 총칭해 '자기애 욕구'narcissistic needs라 합니다. 오로지 자신만을 생각하는 자기중심적 욕구이죠. 이런 자기애 욕구는 영유아에게는 극히 정상적인 것입니다. 그러나 가정에서 양육자의 적절한 공감적 사랑과 돌봄 속에 아이들은 서서히 그런 유아적 자기애 욕구에서 벗어나 이웃과 함께하는 건강한 자기애적 존재로 성장하게 됩니다. 공감적 사랑 속에 보다 자율적인 단단한 존재로 그리고 자신에게서 벗어난 공감적인 친밀한 존재로 성장하게 됩

---

12. 약칭으로 자의식(自我意)이라 하며, 영어로는 'self-consciousness'이다. 이는 사회적 의식으로 자신이 처한 위치나 자신의 행동·성격 따위에 대해 깨닫는 의식이다.

13. 정확히 말하면 영어로는 'defense mechanism'이라 한다. 두렵거나 불쾌한 일, 욕구 불만에 맞닥뜨렸을 때 스스로를 방어하기 위하여 자동적으로 취하는 적응 행위로서, 대표적인 것들로는 도피, 억압, 투사, 반동 형성, 보상 등이 있다.

니다. "네 이웃 사랑하기를 네 자신과 같이 사랑하라"(레 19:18)라는 말씀을 살아 낼 수 있게 되는 것입니다.

하지만 양육자나 사회의 공감적 사랑과 돌봄이 부재한 경우 유아기적 자기애에 갇혀 버리게 됩니다. 성인임에도 불구하고 여전히 자기중심적이고 의존적인 미성숙한 사람으로 남아 있는 것이죠. 이것이 바로 오직 자기 자신과 그 욕망에 종속된 에고 중독의 모습입니다. 무한경쟁을 동력으로 하는 자유 자본주의 사회에서는 가정 안팎에서 이런 공감적 사랑과 배려 가운데 성장하기란 쉽지 않습니다. 이것이 에고 중독이 확산되는 이유입니다.

현대사회는 욕망의 대중화와 극도의 개인주의로 돈에 중독된 사회처럼 보입니다. 성공과 성취란 것이 결국 돈과 연결된 사회이니 말입니다. 원빈과 송혜교가 나오는 〈가을동화〉라는 드라마가 있었죠. 여기 현대사회를 반영하는 명대목이 나옵니다. 사랑을 돈으로 사겠다는 원빈(태석)과 돈의 대가로 그 사랑을 제공하겠다는 송혜교(은서)의 대사는 20년 전 드라마이지만 아마 그때보다 지금 더 리얼하게 느껴질 것입니다.

현대사회의 이런 부 중독 현상을 최초로 주목한 사람이 하버드 출신의 사회학자 필립 슬레이터Philip Slater입니다. 그는 80년대 초 돈에 중독된 미국 사회를 보고 《부 중독자》라는 책을 썼습니다. 태석처럼 모든 것을 돈으로 환산할 수 있다는 착각에 빠져 있는 사회, 은서처럼 결국 '자신을 섬기기 위해 돈을 사용하기보다 돈을 섬기기 위해 자신을 사용'하게 되는 사회를 '부 중독 사회'라고 말합니다.

그는 인간의 유기체를 하나의 사회체제로 비유하면서 '에고 마피아'라는 개념을 도입합니다. 에고는 타인을 배려하기보다 오직 자신의 이익에만 집착하는 자아를 뜻합니다. 이 에고가 세상의 모든 것이 자신의 진두지휘하에 있기를 바라며 일종의 독재자처럼 마음을 점유하여 자타에게 폭력을 가하는 상태를 '에고 마피아'라 부릅니다. 에고 중독자의 모습입니다. 인간답게 살고자 하는 본능적인 욕구까지도 '에고 마피아'가 철저하게 차단하면서 점점 인간은 '부 중독'에 빠져들게 되는 것이라고 분석합니다. 슬레이터는 이 '에고 마피아'를 부 중독자들의 집착과 광기를 이끌어 가는 주체로 지목합니다.

이 세계는 신뢰가 줄어들수록, 이권 앞에서 인정사정 안 볼수록 돈이 더 들어온다는 것입니다. 또 돈이 더 들어올수록 신뢰는 더 줄어든다고 합니다. 이런 일이 무한히 반복되며 돈 앞에 아무도 믿을 수 없는 에고 마피아의 세계가 전개되는 것입니다. 결국 부모와 자식도 서로를 신뢰하지 못하고, 자식들은 그 부모를 빼닮아 오로지 돈만 믿고 부모들이 어서 죽기만을 초조하게 기다리고 있을 수도 있다고 합니다.

《마피아의 실전 경영학》을 쓴 루이스 페란테는 젊은 시절 마피아 졸개부터 시작해 중간 보스까지 올라갔던 사람입니다. 8년의 수감생활 중에 독서광이 된 후 작가가 된 보기 드문 사람이죠. 그에 따르면 각종 기업, 정치집단, 노조를 포함한 다양한 이익 단체들도 마피아 조직처럼 돌아간다고 합니다. 만일 자신들의 영역이나 이익이 침범당한다면 사력을 다해, 합법적으로나 비합법적으로 온갖 방법을 동원하여 집단 에고 마피아로 돌변한다는 것입니다. 이런 사회 구조 안에서 종종 개인은 마피아 조직에 던져진 잔인하고 참담한 하나의 희생물로 전락할 수 있습니다.

개코원숭이는 서열 따지기에 매우 민감한 동물입니다. 위계질서와 자존심에 죽고 산다고 할까요. 그렇다 보니 그 사회에선 폭력이 일상화될 수밖에 없고 서열은 폭력과 밀접한 관계를 갖게 됩니다. 강자에게 맞고 나면 약자에게 반드시 화풀이를 하죠. 특히 수컷 사이에 이런 현상이 두드러지게 나타나는데, 우두머리에게 된통 당한 중간 서열의 수컷은 곧바로 고개를 돌려 이제 막 성장기가 끝나 가는 수컷을 못살게 군다고 합니다. 공격받은 이 젊은 수컷은 어른 암컷에게 소리를 내지르고, 이 암컷은 다시 어린 원숭이를 물어뜯는다고 합니다. 그리고 어린 원숭이는 새끼 원숭이를 찾아가 두들겨 팬다고 합니다.

이것이 어찌 원숭이 사회만의 일일까요. 개인적이든 집단적이든 인간에게도 얼마든지 일어날 수 있습니다. 자기보다 우월한 사람에게 무시당하면, 업신여길 개인이나 집단을 찾아 폭력을 휘두르거나 차별적 언행을 퍼붓습니다. 자신의 우월성을 제삼자에게서 보상받아 잃어버린 자존심을 회복하려는 것이죠. 이런 현상은 소득 차이가 크고 서열 의식이 강할수록 두드러지게 나타나는 현상으로[14] 위로는 고개를 숙이고, 아래로는 발을 굴려 짓밟는 행위를 빗댄 '자전거 타기 반응'이라고 부릅니다.[15]

인간은 생각보다 사회 의존적이고 겁도 많습니다. 평범한 소시민에게 기성사회는 영유아에게 엄마와 같습니다. 대부분의 사람들은

---

14. https://post.naver.com/viewer/postView.nhn?volumeNo=12638385&memberNo=5037204
15. https://www.hankookilbo.com/News/Read/201812270661013065

자신들의 생존과 번영이 보장되는 한 그 범위 안에서 주어진 시스템에 공조합니다.[16] 함께 에고 마피아가 되어 가는 것이죠. 이런 인간의 성향은 이미 미국의 철학자 한나 아렌트가 주장한 바가 있습니다. 독일 소시민이 히틀러와 공조하며 유대인을 학살하는 집단적 에고 마피아로 돌변한 모습을 보고 그녀는 '악의 평범성'이란 용어로 설득력 있게 설명했습니다.

가정은 사회의 반영입니다. 기존 사회의 영향력에서 자유할 수 있는 가정은 그리 많지 않을 것입니다. 이런 에고 마피아적 사회에서 성장하며 이미 에고 마피아가 된 부모 밑에서 아기가 공감적 사랑과 돌봄 가운데 성장하기란 거의 불가능합니다. 이로 인해 아이들의 정상적인 자기애 욕구는 지속적으로 좌절되고 상처를 받게 됩니다. 이러한 자기애 상처narcissistic injuries는 성장하면서 자기애 욕구에 더 집착(과대자기grandiose self)하게 되고 결국 에고에 중독된 에고 마피아가 되는 것이죠.

에고 중독의 특징은 의존적입니다. 자율성이 부족해 외적인 무엇에 의존해서 끊임없이 자신이 괜찮은 존재라는 것과 정체성을 확인해야 합니다. 그래서 인정이나 사랑 욕구와 관련된 '좋아요', '대단해요', '사랑해요' 등과 같은 도파민적 환희를 끊임없이 갈망하게 됩니다. 그것도 자신만이 독점해야 합니다. 그 안에는 아무런 근거도 없이 자신만이 그런 대접을 받을 자격[17]이 있다는 과대망상[18]이 자리하

---

16. 이를 앞에서 이미 동반중독 현상으로 언급했고, 뒤에서 조금 더 자세히 다룰 것이다.
17. 자기심리학에서는 이를 '과도한 특권의식'(sense of entitlement)이라 부른다.

고 있기 때문입니다. 남들이 인정과 칭찬을 받으면 마치 당연히 자신에게 돌아올 몫을 빼앗긴 양 분노하고 비참해합니다. 나만이 무대의 주인공이 되어야 합니다. 당연히 시기와 질투가 많죠.

또 다른 특징은 내면세계가 살얼음처럼 깨지기 쉽다는 것입니다. 쉽게 마음 상하고 상한 마음을 달랠 수 없어서 술이나 인터넷 게임 등에 의존하게 됩니다. 특히 자기 의가 강하고 자존심이 세기 때문에 조금이라도 자존심에 상처를 받으면 조폭처럼 폭발할 수 있습니다. 용서가 안 되고 결국 다양한 방법으로 공격하거나 복수할 기회를 찾게 됩니다. 말 그대로, 에고 마피아가 되는 셈이죠. 범생이인 저도 그럴 때가 있어요. 정신과 의사인 오카다 다카시는 《내 주위에는 왜 욱하는 사람들이 많은 걸까?》에서 이런 과대자기증후군이 개개인적 차원을 넘어 사회적, 문화적인 측면까지 두루 퍼져 있다고 주장합니다.

정말 그럴까 하겠지만 자존심 중독, 인정 중독, 착한 사람 중독, 범생이 중독,[19] 일 중독, 성공·성취 중독, 경쟁 중독, 과시 중독, 자기중심 중독, 자기 의 중독, 파워 중독, 오만 중독, 분노 중독, 동반의존,[20] 알코올이나 술 중독, 쇼핑 중독, 도박이나 성 중독 등도 자기과대증후군의 결과물이라는 것을 알게 되면 그의 말에 동의하게

---

18. 망상(妄想, delusion)은 이치에 어그러진 생각으로, 에고의 병적 원인에 의해서 생기는 것이다. 사실의 경험이나 논리에 따르지 않는 믿음으로 피해망상, 과대망상, 몽상망상, 연애망상 등 여러 종류가 있다.
19. 범생의 생리와 환경에 대해 잘 알고 싶으면 이상권 작가의 《어떤 범생이가》를 읽어 보라. 잊지 말아야 할 것은 이 책은 다양한 범생이들 중 한 종류의 범생이만 소개할 뿐이라는 것이다.
20. 자기 의에 근거한 영웅주의적 구원자.

될 것입니다.

앞 장에서 '초정상 자극'에 대해 설명드렸습니다. 이는 본능으로 자기 성장과 발전을 위해 좋은 방향으로 활용할 수도 있지만 뻐꾸기의 희생양 뱁새처럼 자기가 파괴되는 결과를 낳을 수도 있습니다(탁란 현상 기억하시죠). 에고 중독은 손에 닿은 것마다 궁극적으로 자기 파괴적인 중독이 되게 합니다. 제가 중독의 종류로 제일 먼저 에고 중독을 다룬 이유는 대부분의 중독들이 바로 이 에고 중독의 파생상품이라 생각하기 때문입니다. 에고에 중독된 사람의 손에서는 결국 무엇이든 다 중독이 될 테니까요. 무서운 일입니다. 근본적으로 이 에고 중독이 다뤄지지 않는 한 어떤 중독도 치료될 수 없다고 생각합니다.

성경은 "하나님이 그들에게 복을 주시며 하나님이 그들에게 이르시되 생육하고 번성하여 땅에 충만하라, 땅을 정복하라, 바다의 물고기와 하늘의 새와 땅에 움직이는 모든 생물을 다스리라 하시니라"(창 1:28)라고 기록하고 있습니다. 그런데 푸드food, 파워power 그리고 섹스sex 없이 어떻게 이 명령을 준수할 수 있을까요? 불가능하죠. 저는 애초부터 인간의 에고가 이 세 가지에 자연스럽게 쾌락과 환희의 도파민이 분출되도록 프로그램화되었다고 생각합니다. 마치 오징어가 오징어 집어등에 달려드는 것처럼 말입니다. 따라서 우리는 주인의식을 갖고 에고의 이런 특성을 잘 알고 적절히 활용해 창조의 거룩한 목적에 다가가야 합니다.

문제는 주객이 전도되는 것입니다. "자신을 섬기기 위해 돈을 사용하기보다 돈을 섬기기 위해 자신을 사용하게 되는 것", 즉 중독이 되는 것입니다.

돈 중독

인류 문화가 실물로 거래했던 물물교환 시대에서 화폐 시대로 전환되며 돈[21]은 생명인 푸드와 교환할 수 있는 상징물이 되었습니다. 상징물이라 함은 실제 음식물이 아니죠. 음식물과 교환할 수 있도록 사회적으로 약속된 가치 수단에 불과합니다. 그런데 흥미로운 것은 음식물과 같은 실물이 아니라 상징물에 불과한 돈에 도파민적 환희가 조건화되었다는 것입니다. 중학교 때 배운 그 유명한 파블로프의 조건화 실험을 기억하면 쉽게 이해할 수 있습니다. 음식물에 침을 흘리는 개에게 음식물을 줄 때마다 반복적으로 종소리를 들려주었더니 후에 종소리만 들려줘도 침을 흘리게 되죠. 이 같은 이유로 돈이란 상징물만 떠올려도 아드레날린과 도파민이 분비되는 상태가 되는 것입니다.

음식물보다 돈이 훨씬 더 매력적인 것은 그 저장성과 이동성의 유용함이라고 생각합니다. 음식은 몇 날 며칠을 저장하기 힘든데 돈은 10년치 이상의 음식을 저장할 수 있습니다. 위급할 때는 어디든지 쉽게 이동할 수 있는 안전자산이죠. '안전' 이것이야말로 에고가 가장 원하는 것입니다. 더구나 결핍이란 상처로 부풀 대로 부풀려진 에고에게는 이야말로 도파민 군침이죠. 《부 중독자》에서 슬레이터는 이렇게 말합니다.

---

21. '돈'은 순수한 우리말이다. 상품의 교환 가치를 나타내며 상품 교환을 매개하고 가치 저장의 수단이 되는 물건. 금전. 화폐(貨幣), 재산 등을 총칭하는 용어로, 'money'보다 확장된 개념이라고 생각한다. 그래서 필자는 '돈'이라는 용어를 선호한다.

모든 중독의 핵심 징후는 술, 마약, … 두둑한 지갑 같은 외부의 안전장치 없이는 삶에 대면할 수 없다는 두려움이다. 이것은 벌거벗은 자기 자신만으로는 불완전하다는 느낌이다. 중독은 탐욕과 통제, 의존과 확신을 낳는다.[22]

현대인들의 돈에 대한 이런 에고적 환상은 돈으로 파워와 섹스(향락)를 포함해 행복까지 살 수 있다는 환상이 가미되면 중독성이 더 심화됩니다.[23] 이런 현상은 최근의 사태만은 아닌 것 같아요. 돈에 관한 우리나라 옛 속담들에 이미 충분히 반영되어 있으니까요. '돈이 양반', '돈만 있으면 개도 멍첨지라'.[24] '돈이 장사', '돈이 제갈량', '돈 없으면 적막강산이요, 돈 있으면 금수강산이라' 등은 당시의 돈의 위력을 보여 주는 속담들입니다.

그러나 현대인들의 돈 중독 현상은 차원이 전혀 다릅니다. 옛날에는 특수층만이 부를 꿈꿀 수 있는 사회였다면, 무한한 욕망의 자본주의 사회에서는 누구나 부를 꿈꿀 수 있게 되었죠. 스웨덴 그룹 아바ABBA의 〈Money, Money, Money〉라는 노래에 "돈만 조금 있으

---

22. 필립 슬레이터, 《부 중독자》, p. 63.

23. 상징물, 동질화, 그리고 수단을 돈의 세 가지 특징이라고 한다. 상징물로서의 돈은 앞에서 잠시 언급하였다. 이는 우리가 집단적으로 가치가 있다고 믿을 때에만 돈에 실제로 가치가 부여된다는 뜻이다. 동질성이란 돈을 '돈=파워=섹스=행복'같이 보는 현상을 말한다. 돈으로 무엇이든지 살 수 있다는 말은 바로 이 돈의 동질성 때문이다. 돈은 모든 것을 동질화하므로 돈 지상주의도 가능한 것이다. 마지막으로 수단이란 말 그대로 어떤 목표, 원하는 것을 얻기 위한 수단 또는 도구에 불과하다는 뜻이다. 슬레이터는 돈의 이 세 가지 특징을 망각하면 돈에 대해 혼란에 빠지게 된다고 말한다.

24. 천한 사람도 돈만 있으면 다른 사람들이 귀하게 대접함을 비유적으로 이르는 말.

면/ 뭐든지 할 수 있을 텐데…/ 그러니까 난 떠나야겠어/ 라스베가스나 모나코로 떠날 거야/ 거기서 엄청난 돈을 딸 거야. 그러면 인생이 완전히 달라질 거야/ 머니, 머니, 머니"[25]라는 가사가 있습니다.

이 노래는 가진 것이 없는 자의 노래입니다. 없기에 "money, money, money"를 노래합니다. 그러나 있는 자도 마찬가지입니다. 미국의 억만장자 여덟 명을 엄선하여 그들을 집중 분석한 슬레이터는 그들 역시 아무리 많은 부를 축적해도 여전히 '아직도 배고프다'고 중얼거린다는 것입니다. 그들 나름대로 '머니 머니 머니'를 '떼창'하고 있는 것이죠.

슬레이터는 돈 중독의 몇 가지 유형을 소개합니다. 우선 돈 중독자Money Addict가 있습니다. 이들은 돈을 벌어 차곡차곡 쌓아 놓을 뿐, 돈으로 무언가를 하려 들지 않는 사람들입니다. 이에 반해 소유 중독자Possession Addict들은 돈이 생기는 족족 집, 옷, 자동차, 요트 등을 사들여 재력을 실물로 보여 주려고 합니다. 권력 중독자Power Addict는 어느 정도 재산을 모으면 정치적 권력을 얻거나 정계 주변을 어슬렁거리며 돈을 아끼지 않는다고 합니다. 명예 중독자Fame Addict도 비슷하지만 이들은 사회적으로 명성을 떨치거나 지배층으로부터 주목받고 발탁되어 후손들에게 존경받기를 바라고, 그런 목적으로 돈을 쓰는 사람들을 말합니다. 마지막으로 단순한 소비 중독자Spending Addict

---

25. "All the things I could do/ If I had a little money… So I must leave, I'll have to go/ To Las Vegas or Monaco/ And win a fortune in a game, my life will never be the same/ Money, money, money." 이 노래는 유럽의 70년대 사회를 반영하는 노래지만 우리나라의 경우 현시대를 가장 잘 반영하는 노래라고 생각한다. 이 노래의 가사 원본과 해석을 비교해 보라. 이 세태의 젊은이들을 잘 이해하게 될 것이다.

들이 있습니다. 이들은 소유에는 별로 관심이 없지만, 주머니 속에 '마음껏 쓸 돈'이 있기를 바랄 뿐입니다.[26]

자본주의 문화에 살고 있는 현대인들에게 돈은 섹스와 같은 향락을 포함해서 모든 것을 가져다줄 것 같은 환상을 반영하고 있다고 볼 수 있습니다. 게오르그 짐멜Georg Simmel은 《돈의 철학》에서 근대 자본주의 사회문화에 대해 돈은 인간이 세계와 맺는 관계라고 표현합니다.[27] 관계없던 물건들은 물론 사람들도 돈으로 관계가 맺어진다는 것입니다. 이런 사회적 구조 안에 돈독에 들지 않기란 어려울 것입니다. 모든 것이 돈으로 계산되는 사회문화에 어떻게 돈에서 자유할 수 있겠습니까. 더구나 돈 때문에 상처를 받았다면 돈독이 오르는 것은 당연하지 않겠어요.

기독교인이라고 해서 자유할 수 있을까요? 목회자는 어떨까요? 우리나라 종교는 원래 돈과 깊은 관계를 가지고 있죠. 우리 속담에 '돈만 있으면 귀신도 부릴 수 있다'는 말이 있습니다. 돈이 있으면 신

---

26. 《부 중독자》 61쪽을 요약한 내용이다.
27. 이 내용은 독일의 철학자이자 사회학자 게오르그 짐멜의 《돈의 철학》에서 인용한 글이다. 비록 근대 자본주의 문화에 돈에 대해 분석한 가장 탁월한 책이지만, 오늘날 현대를 살아가는 한국인들에게 더 실제적인 책이라고 생각한다. 반드시 읽어야 할 필독서로, 이 책에서는 우선 현대도 그렇지만 당시 근대적 삶의 거의 모든 것의 본질이 돈을 통해 해석될 수 있다고 말한다. 특기할 점은 자본주의를 당대의 학자들과는 달리 "이제 단순히 거역하거나 그 흐름을 되돌릴 수 없는 역사·사회적 세력과 질서"로 본다는 점이다. 문화의 파괴나 타락의 원인이 아니라 그 자체가 하나의 문화라고 말한다. 짐멜은 자본주의의 인격을 물격화하는 물질주의에 통렬하게 비판하지만 동시에 개인 의지와 능력 여하에 따라 인간이 화폐를 통해 자유의 기반을 구축할 수 있다는 순기능적인 부분을 잊지 않고 강조한다. 만일 자본주의가 없었다면 이 세계에 문학가나 학자, 의사 같은 고도의 정신작업을 하는 직업은 존재하지 않았을 것이라고 말한다.

의 마음도 사서 뜻대로 부릴 수 있다는 뜻입니다. 재수財數는 재물에 대한 운수, 돈에 대한 운수를 말하는데, 적은 돈을 들여 큰 재수를 비는 것입니다. 오래전부터 해왔던 무속의 재수굿이나 불교의 재수발원, 재수불공이 바로 그런 것입니다. 20세기의 기독교에 스며든 기복주의나 번영주의 신학은 바로 이런 모습이 아닐까 합니다.

　채현국 선생님은 독립군의 자손이자 사업가이며 대한민국의 민주화운동에 평생을 헌신한 분입니다. 그분은 자신의 돈에 대한 경험을 이렇게 말합니다.

> 사업을 해보니까… 돈 버는 게 정말 위험한 일이야. 사람들이 잘 모르는데, '돈 쓰는 재미'보다 몇천 배 강한 게 '돈 버는 재미'지. 돈 버는 일을 하다 보면 어떻게 하면 돈이 더 벌릴지 자꾸 보인다니까. 그 매력이 어찌나 강한지, 아무도 거기서 빠져나올 수가 없어. 어떤 이유로든 사업을 하게 되면 자꾸 끌려드는 거지. 정의고 나발이고, 삶의 목적도 다 부수적이 되고 말아….[28]

　그리고 "중독이 되는 건가?"라는 기자의 질문에는 이렇게 응답합니다.

> 완전한 중독이지. 권력과 명예와 돈은 확실히 중독이야. 사랑도 중독이고 노동도 중독이 있지만 돈, 권력, 명예는 거기에 비할 수

---

28. http://www.hani.co.kr/arti/society/society_general/618266.html

없이 심한 중독이야. 도박 따위의 중독은 저리 가라지. 아편 따위의 중독도 저리 가라지. 식구가 다 죽든, 민족이 다 죽든 권력은 놓고 싶지 않고, 인류가 다 죽어도 제 혼자서라도 부자 되려는 게 인간이야. 이 중독이라는 것은 끝도 없고 한도 없고 정말 정체가 없어. 완전히 정신병이지. 나도 거기(돈 버는 중독)에 딱 걸려 들어 버렸었어.

한때 납세자 10위권 안에 들던 그가 돈과 명예와 권력으로부터 자신을 지키며, 에고에 대해 주인 행세를 할 수 있었던 것은 건강한 자기애를 지켰기 때문이 아닐까 합니다. 돈에 대해 질문하는 기자에게 다음 응답은 이런 그의 면모를 엿볼 수 있습니다.

자기 개인 재산이란 게 어딨나? 다 이 세상 거지. 재산은 세상 것이지. 이 세상 것을 내가 잠시 맡아서 잘한 것뿐이야. 그럼 세상에 나눠야 해…. 누가 내 도움을 받았다고 말하는지는 몰라도 나까지 그렇게 생각하면 안 될 일이지…. 그게 내가 썩는 길이야. 내일인데 남 위해 했다고 하면, 위선이 돼 버려.[29]

에고에 대한 주인의식을 갖고 돈과 명예를 잘 사용해 인류애적 목적을 이룬 귀한 본보기라고 생각합니다.

_____
29. 앞의 웹사이트.

파워 중독

미국 제2대 대통령 존 애덤스는 "남자든 여자든, 젊은이든 늙은이든, 흑인이든 백인이든, 부자든 가난뱅이든, 상류층이든 하류층이든 모든 인간의 삶의 단계, 즉 요람에서 무덤에 이르기까지 가장 두드러지는 인간의 본성은 바로 우월함에 대한 열망이다"라고 말했습니다.

파워 중독은 인간 본성과 같은 우월감 중독의 다른 모습일 것입니다. 일상생활의 통제 욕망에서부터 전쟁에 이르기까지 다양한 형태로 나타납니다.

컨설팅회사 CEO이며 심리학자인 데이비드 L. 와이너David L. Weiner는 비즈니스 세계 또한 권력 중독의 온상이라고 말하며 극단적인 권력 중독자는 끝내 자기 파괴적인 결과를 자초한다고 경고합니다.[30] 비즈니스 세계에서뿐만 아니라 일상에서도 경쟁적 상황에 들어가면 갑자기 권력 중독자로 돌변하는 사례들을 흔히 볼 수 있습니다. 지인 중에 평소에는 참 온순한데 족구나 축구시합을 할 때는 모든 것을 통제하려는 숨길 수 없는 권력 중독의 모습을 드러내는 것을 볼 수 있었습니다. 또한 온갖 사교邪教집단의 교주들도 권력 중독자들이고, 기성 종교 안에서도 얼마든지 권력 중독자가 존재할 수 있다는 것을 와이너는 암시하고 있습니다. "도전에 직면하면 권력 중독자로 변하는 사람"부터 "권한을 부여받으면 권력 중독자로 변하는 사람"에 이

---

30. 데이비드 L. 와이너, 《권력 중독자》, p. 28.

르기까지 다양한 권력 중독자의 모습 속에서 발견한 것은 에고 중독이 심할수록 극단적 권력 중독자가 될 확률이 높다는 사실입니다.[31]

인류의 역사는 전쟁의 역사라고 합니다. 인간은 여러 이유에서 개인적으로나 집단적으로 끊임없이 파워 싸움을 합니다. 작게는 거리싸움으로 크게는 국가 간의 전쟁으로 번질 때 그 폭력성과 파괴성은 동물들의 그것과 비교할 수 없을 정도로 극단적이 됩니다. 그 좋은 머리를 다 써서 효과적으로 상대를 빠르게 전멸시킬 방법을 고안해 냅니다. 그래서 동물학자들은 인간을 '도살자 유인원', '악마 유인원', '가장 위험한 동물'이라고 부르기도 합니다.

왜 그럴까요? 사회발달심리학자 에릭 에릭슨Erik Erikson에 의하면 인간은 분명 호모사피엔스라는 한 종인데 서로 독특성과 우월성을 주장하며 다양한 집단으로 나뉘어 살아갑니다. 각 집단은 구성원들에게 자신들만의 강한 정체성을 심어 주는데 이를 '의사종'擬似種, pseudospecies[32]이라 말합니다. 국가 문제, 인종 문제, 지역 문제, 이념 문제, 정치 문제, 종교 문제 그리고 그로 인한 온갖 전쟁들이 모두 의사종들 간의 파워 싸움으로 기인하는 것들이죠. 16세기부터 일어난 전쟁 중 사망자 수가 가장 많았던 전쟁이 제2차 세계 대전입니다. 이때 6년 동안 약 5,000만-7,000만 명이 죽었다고 합니다. 바로 그 전에 유럽을 중심으로 일어난 제1차 세계 대전에는 약 1,000만 명이

31. 지위 강박증 권력 중독자, 지향성 권력 중독자, 구세주적 권력 중독자, 지배적 권력 중독자, 완벽주의적 권력 중독자, 편견에 사로잡힌 권력 중독자, 지위 상징에 목숨을 건 권력 중독자, 친절이란 가면을 쓴 권력 중독자 등.
32. 디어드리 배릿, 《인간은 왜 위험한 자극에 끌리는가》, p. 154.

죽었고, 6·25전쟁에서 137만 명이 죽었습니다. 가깝게는 미국의 흑백갈등, 인종차별 등도 이런 의사종 권력 중독과 중독자들에 의해 자행된 만행이라고 생각합니다. 그리고 이런 일들은 계속 일어날 것입니다. 이 모든 만행은 개인적이거나 집단적 에고 중독의 결과물이죠.

종교도 예외가 될 수 없습니다. 17세기에 유럽에서 로마 가톨릭 교회를 지지하는 국가들과 개신교를 지지하는 국가들 사이에 일어난 종교 전쟁은 30년을 끌며 800만 명이 죽었다고 합니다.

파워에도 초정상 자극이 그대로 적용되는 것을 볼 수 있습니다. 그 유혹에 저항하는 것이 얼마나 어려운 일인지 아담과 하와의 타락 사건을 통해 충분히 보여 주었죠. 이미 모든 피조물들을 다스릴 수 있는 파워가 있음에도 불구하고 "너희가 그것을 먹는 날에는 너희 눈이 밝아져 하나님과 같이 되어 선악을 알 줄 하나님이 아심이니라"(창 3:5)라는 유혹에 넘어져 비참한 최후를 맞이하게 되었습니다. 더 열악한 환경과 본성을 가지고 있는 우리에게는 더 큰 유혹이죠. 파워는 언제든지 '참을 수 없는 중독'이 될 수 있어요.

저는 개인적으로 모든 중독 중에 파워 중독이 가장 보편적이면서 인류를 가장 불행하게 만드는 중독이라고 생각합니다. 다른 중독들도 개인과 가정에 큰 고통과 손실을 가져올 수 있지만 의사종 파워 중독은 앞에서 살펴본 바와 같이 그 파괴력이 상상을 초월합니다. 그럼에도 불구하고 아직도 파워 중독을 심각한 중독으로 보고 있지 않습니다. 그 이유가 무엇인지, 어떤 음모가 있는지 늘 의구심을 갖게 합니다.

여기까지 정리하면, 개인적으로 저는 무한경쟁을 근간으로 하는 욕망의 민주주의를 살아가고 있는 현대인들이 가장 빠지기(中) 쉬운 보편적인 독(毒)은 에고 중독으로 인한 돈 중독 그리고 파워(우월감과 권력) 중독으로 봅니다. 그리고 그 영향력이 막강한 것은 모두 본능적으로 누리고 싶은 합법적 중독이라는 것입니다. 갈망할 뿐 아무도 중독으로 인식하지 못한다는 것입니다. 그중에 제일은 에고 중독입니다. 그 중독이 근본적으로 다루어지지 않는 한 어떤 중독 치료도 불가능합니다.

나머지 중독들은 그로 인해 생긴 스트레스를 달래기 위한 중독들로서 음란물(섹스) 중독, 디지털 중독, 그리고 동반의존 등이 있습니다.

음란물과 성 중독

우리는 대중 매체를 통해 성추행과 성폭행 기사들을 수없이 접합니다. 부부 간의 친밀감이 부족한 가부장적 사회에서 스트레스에 찌들어 사는 사람들이 일종의 스트레스 해결책(기분전환)으로 성적 욕구를 채우려 하는 데서 오는 것이 아닌가 합니다.

성 중독자는 성을 통해 자신의 삶에서 다른 것과는 비교할 수 없는 강한 즐거움을 느껴서 고통스런 감정들, 즉 슬픔, 분노, 불안, 공포감 등을 마비시키고, 삶 속에서 겪고 있는 압박감과 일상생활의 문제를 탈출하려고 시도합니다. 현실을 탈출하고 즐거움을 느끼고 싶은 동기가 강하기 때문에 이러한 마음의 상태를 거부하기란 정말 어렵습니다.[33]

성 중독은 생각보다 우리 삶에 깊이 들어와 있습니다. 아래와 같은 증상들을 갖고 있다면 성 중독입니다.

- 여성들을 볼 때마다 성적인 욕구를 강하게 느낀다.
- 불륜 상대를 찾는다. 간음姦淫한다.
- 외로움, 우울함, 불안감 혹은 스트레스에서 벗어나기 위해 충동적인 성적 행위를 이용한다.
- 다른 관심사나 활동을 배제하고 섹스만을 생각한다.
- 충동적으로 포르노를 찾는다.
- 빈번히 자위행위를 한다. 특히, 일터와 같은 부적절한 장소에서 한다.
- 마사지 업소를 찾는다.
- 매춘부와 섹스를 한다.
- 다른 사람들을 성추행한다.

음란물 중독은 한국사회에 전반에 걸쳐 생각보다 심각한 수준에 와 있지만 교회도 예외는 아닙니다. 2014년 미국 포르노그래피 감시 기관인 커버넌트 아이즈Covenant Eyes의 조사에 따르면 미국 기독교인 남성의 50퍼센트, 여성의 20퍼센트가 포르노에 중독되어 있다고 밝혔습니다. 믿겨지지 않죠.

갤럽 여론조사팀은 음란물 중독과 관련해 미국 내 각 주의 정치적, 종교적 성향을 비교했는데, 그 분석 결과는 흥미롭습니다. 미국

---

33. Earle, R., & Crow, G.(1989). Lonely All the Time. New York: Pocket Books, p.13.

내 각 주 중에서 종교에 독실한 신자가 많고 보수적 성향이 짙은 주일수록 '야동' 관련 단어를 구글창에 가장 많이 입력했다는 것입니다. 결과적으로 독실한 신자인 보수적인 사람들이 인터넷을 통해 '야동'을 더 많이 찾고 있다는 추론이 가능한데, 아마 '성적으로 제한된 환경' 때문이 아닐까 조심스럽게 해석해 봅니다.

대중매체를 통해, 미국 교계에서 영향력 있는 지도자들이 섹스 중독으로 무너지는 기사들을 종종 접합니다. 1만 4,000명의 성도가 참석하는 교회의 담임목사이며, 전국복음주의연합회NAE 회장이었던 테드 해가드 목사와 80년대의 많은 영향력을 끼쳤던 텔레비전 전도자 지미 스웨거트 목사는 불륜 문제로, 한국에 큰 영향을 끼친 미국의 대형 교회 원로 목사 빌 하이벨스는 성추행 문제로 미국사회에 크게 논란이 되었습니다. 한국도 크게 다르지 않습니다. 한국에서는 한국 교회의 도덕성을 질타하던 C목사나 E목사, 그리고 성범죄를 강렬하게 비판하던 어느 단체의 Y대표도 오랜 불륜으로 사임했죠. 어떻게 이런 일들을 다 열거할 수 있겠습니까?

개인적으로 미국의 뉴라이프 중독센터에 근무하며 성 중독으로 무너진 교회 지도자들을 적지 않게 만났습니다. 미국 시카고와 샌프란시스코의 유능한 한국 교회 목회자들이 불륜과 성폭행으로 무너지는 것을 가슴 아프게 목격했습니다. 매년 선교지를 다니며 중독과 영성에 대한 세미나를 하는데 그때마다 음란물 중독으로 고민하는 선교사님들과 은밀한 만남도 많이 가졌습니다.

음란물 중독은 상상하는 것보다 기독교 세계에 깊이 들어와 있습니다. 음란 문제와 관련해 과연 얼마나 많은 사역자들이 자유할 수 있을까요? 이 문제에 대해 아무리 경계해도 지나침이 없을 것입니다.

디지털 중독

인간의 역사는 어찌 보면 중독의 역사라 해도 과언이 아닙니다. 아편, 코카인, 마리화나 등의 환각식물로부터 알코올, 담배, 커피 등의 기호품에 이르기까지 중독성 물질들은 인류 역사의 동반자였습니다. 이집트, 메소포타미아, 인더스 등 인류 3대 문명권은 아편과 대마의 주요 산지였죠. 코카는 잉카와 마야 문명을 낳은 남미에서 고대부터 재배돼 왔습니다. 양귀비로 알려진 대마초는 원래 중앙아시아와 남아시아의 재래종입니다. 기원전 3000년부터 흡입했다는 증거가 있고, 인더스 문명의 유적지에서는 '티롬'이라고 불리는 대마 흡연 도구가 수없이 발굴됐습니다.

그러나 오늘날 나날이 심각하게 확산되는 중독들은 그런 것들이 아닙니다. 문명의 이기로 생긴 새로운 중독들입니다. '디지털 중독'에 해당하는 인터넷, 인터넷 포르노그래피, 인터넷 도박, 스마트폰 중독 등이죠. 4차 산업시대에 본격적으로 접어들면 이런 부류의 중독들은 계속 증가할 것입니다.

이런 중독들에 특별히 주의를 기울여야 할 이유는 첫째, 언제 어디서나 접근할 수 있고, 완전히 합법적이고 정상적이라는 데 있습니다. 그래서 스트레스를 받으면 기분전환을 위해서나 현실 회피를 위해 아주 쉽고 자연스럽게 접근할 수 있다는 것입니다. 두 번째 이유는 서서히 뜨거워지는 미지근한 물속에서 결국은 죽게 되는 개구리처럼 중독이 된다는 것입니다. 중독되는지도 모르고 합법적으로 중독이 되어 일상생활이 될 수도 있습니다. 시기를 놓친다면 고질적인 중독으로 변질하고, 사회와 가족 관계, 학교와 직장 생활에 심각한 저해를 일으킬 수 있습니다. 이러한 신기술들에 중독될 때도 술이나 마약에 중독되는 것 같은 뇌 구조를 만들어 내고 중독자와 같은 파괴적인 성격을 갖게 됩니다.

중독자를 만드는 중독, 동반중독

마지막으로 언급하고 싶은 중독은 중독자를 만들고 중독을 유지시키는 동반중독입니다. "끊임없이 잔소리하는 엄마가 중독이지"라는 부분을 소개하며 짧게 다뤘던 중독입니다. 동반중독에 대해 크리스천들이 특히 주의를 기울여야 할 이유는 이 중독이 사랑이란 이름으로 기독교 안에 가장 넓게 퍼져 있기 때문입니다.

동반의존codependency은 원어적으로 '함께co 의존dependency'이라는 뜻입니다. 참고로 중독 심리학에서 의존과 중독은 같은 용어입니다. 따라서 동반의존은 동반중독이라는 뜻이죠. 중독자는 의존자입니다. 동반의존자는 중독자로 하여금 자신에게 의존, 즉 중독되게 만드는 사람입니다. 중독자는 동반중독자에게 의존하고 역으로 동반중독자는 중독자에게 의존된 관계입니다. 그래서 동반의존이라고 합니다. 이런 관계 속에 동반중독자는 중독을 배양하고 유지하게 하는 사람입니다. 사랑, 헌신, 그리고 희생이라는 나무랄 수 없는 이유로 말이죠.

동반중독자들의 특징 중 가장 두드러진 것은 병적 연민과 구세주 심리입니다. 그로 인해 문제를 가진 사람들만 보이고 그들을 돕는 일에만 전념하는데, 거기서 자신의 의미와 의義를 경험하기 때문이죠. 의사는 아픈 사람이 있어야 가치와 의미가 있지 않겠어요? 그 역할을 할 때 살아 있음을 느끼는 것과 같습니다. 그래서 그들에겐 강박적으로 돌보아야 할 중독자나 문제 인물들이 있어야 합니다. 영웅이나 구세주 의식을 느끼게 할 누군가가 늘 필요하죠.

　　그래서 의식적으로는 상대가 건강해지기를 원한다고 하지만 무의식적으로 상대가 그 문제에서 벗어나길 원치 않습니다. 만일 자신들이 돕던 사람들이 건강해져 독립을 하면, 자신을 더 이상 필요로 하지 않게 되고 원치 않음과 관련된 거절감과 배신감, 그리고 비참함과 분노를 경험합니다. 모순이지요.

　　실제, 동반중독자의 행동은 그 자체가 모순입니다. 첫째, 중독자와 같이 문제를 가진 사람에게 의존되어 있다는 점에서 모순이고, 두 번째는 동반의존자 자신도 자신을 건강하게 돌볼 줄을 모른다는 것입니다. 그래서 자신의 돕는 행위가 상대에게 도움이 되지 않는다는 것입니다. 자기가 살지 못하는 삶을 살게 할 수는 없지 않겠습니까?

　　가장 큰 모순은 모든 관계가 애증 관계라는 것입니다. 먼저, 병적 연민을 일으키는 사람을 사랑이란 이름으로 헌신적으로 돌봅니다. 그러나 상대가 자신의 생각대로 따라오지 않고, 조종과 통제가 안 되면 분노로 상대를 공격하게 되는데, 이는 상대에게 중독 행위를 하게 하는 충분한 구실을 주게 됩니다. 그러고는 후회를 하며 다음에는 더 사랑해야겠다고 결심을 합니다. 그러나 결국 이 악순환을 반복하며 벗어나지 못하게 됩니다. 이 모습이 중독자 같지 않습니까? 그래서 동반의존은 행위 중독이라고 합니다.

여기서 한 가지 꼭 숙지하고 넘어야 할 점은 모든 중독은 통제 중독이라는 것입니다. 동반의존도 마찬가지입니다. 단 사랑과 돌봄이라는 이름으로 통제하니 나쁠 수가 없지요. 그러나 당하는 사람은 질식감을 느낍니다.

근본적으로 불안한 사람은 어떤 생각에 사로잡혀 모든 것을 통제하려고 합니다. 이유는 안전하고 싶은 것입니다. 중독자나 동반의존자나 가정 안에서 역할만 달랐을 뿐 모두 불안한 역기능적 가정에서 자랐기 때문에 생기는 아픔입니다. 만일 우리가 그런 가정에서 자랐다면 어떻게 해서든지 그런 불안한 상황을 피하려 하지 않겠습니까? 그것이 통제 중독입니다.

최근 "사랑은 자기의 유익을 구하지 아니하며"(고전 13:5)를 "사랑은 자기 방식을 주장(강요)하지 않는 것입니다"로 번역한 글을 보았습니다. 이는 참으로 통찰력이 뛰어난 번역인데, 그 뒤에 이어지는 "성내지 아니하며 악한 것을 생각하지 아니하며"라는 말씀과 연결되기 때문입니다. 동반의존자는 사랑과 돌봄이란 이름으로 상대를 통제하려다가 통제되지 않을 때는 반드시 성을 내고 악한 것을 생각합니다. 그리고 후회를 하지만 앞에서 언급한 것처럼 그 악순환—전문 용어로는 '중독 사이클'—을 반복합니다. 일종의 자학이죠.

자학? 그렇습니다. 동반중독은 자학적 사랑입니다. 자기 방치와 학대적 사랑입니다. 성장 과정에서 방치와 학대를 경험한 경우 그 이상 자신을 대할 수 없습니다. 우리는 가정에서 대접받은 대로 자신을 대합니다. 그리고 이웃이 자신을 그렇게 대할 것이라고 생각하며 동시에 이웃을 그렇게 대합니다. 그래서 그런 동반의존적 돌봄과 사랑은 자신은 물론 이웃에게도 결코 유익하지 않습니다.

사도 바울은 "내가 내게 있는 모든 것으로 구제하고 또 내 몸을 불사르게 내줄지라도 사랑이 없으면 내게 아무 유익이 없느니라"(고전 13:3)라고 말합니다. 엄청난 헌신과 희생이 있다고 해도 사랑이 아닐 수 있다고 말합니다. 동반의존이 바로 그런 경우입니다.

문제의 심각성은 많은 기독교인들이 동반의존과 성경적 사랑을 혼동한다는 것입니다. 그로 인해 동반의존을 사랑으로 가르치고 강화시키기도 합니다. 지난 33년 동안 목회 현장에서 이로 인해 너무도 아픈 일들을 많이 보았습니다. 이제는 한국 교회도 이에 눈을 활짝 열어야 할 때가 되지 않았나 합니다.

이웃을 돌보는 일은 기독교의 본질입니다. 문제는 자기방치와 학대 속에서 그런 일을 한다는 것입니다. 한 율법사가 예수께 율법 중에서 어느 계명이 크냐고 물었을 때, 이렇게 말씀하셨습니다.

> 예수께서 이르시되 네 마음을 다하고 목숨을 다하고 뜻을 다하여 주 너의 하나님을 사랑하라 하셨으니 이것이 크고 첫째 되는 계명이요 둘째도 그와 같으니 네 이웃을 네 자신 같이 사랑하라 하셨으니 이 두 계명이 온 율법과 선지자의 강령이니라_마 22:37-40

내 이웃을 사랑하려면 먼저 내 자신을 사랑하는지 돌아보아야 합니다. 이웃 사랑은 건강한 자기 사랑과 돌봄에 근거하기 때문입니다.

대부분 기독교인들은 자기 사랑에 알레르기 반응을 일으킵니다. 그러나 찰리 채플린은 이렇게 말합니다.

> 내가 나 자신을 사랑하기 시작하면서, 나는 내 건강에 해로운 모든 것들—음식물, 사람, 사물, 상황—과 나를 침체시키고 나로부터 멀어지게 하는 모든 것들에서 나를 자유케 했다. 처음에 그것을 건강한 이기심이라고 불렀는데, 오늘날 나는 그것을 '자기 사랑'love of self 으로 이해한다.

이것이 진정한 자기 사랑입니다. 이 경험 후의 이웃 사랑이 성경에서 말하는 진정한 이웃 사랑이 아닐까 싶습니다. 실제 동반중독자는 자신의 필요와 문제가 무엇인지 잘 알지 못합니다. 강박적으로 다른 사람들의 필요나 문제를 해결해 줌으로 대리만족을 느끼는 사람들입니다. 그런 점에서 자기문제의 해결 능력이 없습니다. 예수께서 "사람이 만일 온 천하를 얻고도 제 목숨을 잃으면 무엇이 유익하리요"라고 하신 말씀을 정말 진지하게 들여다보아야 할 것입니다.

오래전에는 하나님 일을 위해 가족을 희생시키는 분이 훌륭한 목회자로 여겨졌을 때가 있었습니다. 그럼에도 불구하고 그분들은 오히려 가족에게 존경받았습니다. 그러나 동반중독은 그렇지 않습니다. 오히려 가족은 깊은 상처를 받고 신앙생활에서도 방황하게 됩니다. 그러니 이제는 그런 마음이 있어도 혹시 동반의존에서 나오는 것은 아닌지 되돌아볼 필요가 있습니다. 그것이 중독 성격에서 나오는 것일 수 있고 만일 중독이라면 한 치의 영적 성장도 없기 때문입니다.

동반중독자는 심리적으로 중독자와 유사합니다. 그들의 내면세계는 공허, 불안, 불행감, 수치심, 무감각, 자기함몰, 완벽주의, 조정과 통제, 구원자 심리, 거짓과 이중성, 적개심, 인정욕구, 병적 연민, 의존성, 혼돈과 모순 등으로 가득 차 있죠. 그러나 스스로도 중독자라는 것을 발견하기가 힘듭니다.

동반중독은 가장 은밀한 그리고 교묘한 중독이기 때문에 서로 속기 쉽습니다. 강원도 한 지역사회의 초청으로 동반중독에 대해 강의한 적이 있었습니다. 강의 후 저녁식사 자리에서 한 분이 자신이 가족에게 평생 동반의존자로 살았다고 합니다. 그로 인해 동생들은 다 결혼하여 자식들을 두고 괜찮게 살게 되었는데 문제는 자신이라고 했습니다. 자신은 50대에 홀로 마치 매미 껍질같이 되었지만 아무도 자신의 어려움에 관심이 없는 것 같아, "내가 너희들의 행복을 위해 나의 모든 것을 내어 주었건만 어떻게 이렇게 무관심할 수 있느냐"고 질책을 했다고 합니다.

그랬더니 동생과 조카들이 "누가 도와달라고 해서 도와줬어요? 누님이 좋아서 도와줬잖아요"라고 말하더랍니다. 그건 그런대로 참아 넘길 수 있는데, "그동안 누나 혼자 큰소리 다 치고 잘난 척했잖아요"라는 말에는 분노가 폭발하여 관계가 단절되었답니다. "교수님이 동반중독을 강의하셨지만 저와 같이 참담한 지경이 되어야 그 말이 무엇인지 이해할 거예요. 저는 완전히 공감해요. 그러나 정말 몇 사람이나 이해했는지 궁금하네요." 이것이 그분이 저에게 한 마지막 말입니다. 이분의 '참담한 지경'이라는 표현이 동반중독자의 최후를 가장 잘 설명한 말이라는 생각이 듭니다.

4

중독 자아와 중독 논리

　중독은 어느 날 갑자기 생기는 것이 아니라 뚜렷하지는 않지만 출발점이 있고, 과정過程을 거쳐 가며 중독이라는 종점에 다다르게 되는 진행성 질병입니다. 예를 들어, 알코올 중독이나 여타 중독의 경우 평균 15년 정도의 긴 과정을 거치며 만성 중독이 되는 것으로 보고되고 있습니다. 물론 컴퓨터 게임이나 스마트폰과 같은 행위 중독은 그보다 훨씬 짧은 기간에 만성 중독으로 진행될 수 있습니다.

　일반적으로 중독에 이르는 과정을 크게 초기, 확립, 그리고 만성과 바닥 단계로 나누어 설명합니다. 중독 과정의 이해를 돕기 위해 두뇌의 선조체에 대해 잠깐 설명하겠습니다. 우리 뇌의 중심부에 있는 선조체는 특정 행위를 습관화하는 곳으로 중독 행위도 여기에서 형성됩니다. 운전을 배울 때 여러 절차를 걸쳐 배우게 되는데 어느 정도 익숙해지면 생각하지 않고 저절로, 즉 습관적으로 운전하게 됩니다. 이를 '절차 기억'이라고 하며, 선조체가 이 일을 담당합니다. 생각하지 않고 이렇게 저절로 하는 모든 행동들은 선조체 덕분입니다.

그러나 틱 장애와 같이 원치 않는 습관적 행위도 선조체에서 생기는 것입니다. 틱 장애는 의지적으로 조절할 수가 없고, 하지 않으려면 더 하게 되는 것처럼 오히려 더 심해집니다. 중독이나 충동조절 장애도 이와 같습니다. 중독이 확립되면 의지적으로 조절이 불가능하게 됩니다. 느닷없이 충동이 일어날 때 잠시 저항은 할 수 있어도 결국 그 충동을 실행하지 않을 수 없게 됩니다. 이런 특성으로 미국중독의학협회^{ASAM}에서는 오랫동안 중독을 틱 장애와 같은 만성적 뇌질환$^{brain\ disease}$으로 규정하기도 합니다.[34]

실제 중독자들의 뇌는 변형되어 있습니다. 정상인들 것과는 많이 다르죠. 놀랍게도 포르노나 스마트폰 중독자의 뇌도 술이나 마약 중독자의 뇌와 똑같이 변형되어 있습니다. 저는 중독을 이같이 단순한 의학적 뇌 질병으로 보는 데에 동의하지는 않습니다. 하지만 중독과 그 과정을 이해하는 데 중요한 통찰을 얻을 수 있습니다. 그것은 중독이 어느 진행 단계에 이르면 '내가 원하는 것이 아니라 뇌가 원한다'는 것입니다. 죽어 가면서도 뇌가 원하기에 멈출 수 없는 단계에 이른다는 것이에요. 그래서 불가능한 것은 아니지만 치료가 어렵다는 것입니다. 이제 어떤 단계를 거치며 최종적인 만성 중독과 바닥상태에 이르게 되는지 알아보겠습니다.

---

34. https://www.asam.org/Quality-Science/definition-of-addiction "중독은 뇌 회로, 유전학, 환경 및 개인의 삶의 경험 간의 복잡한 상호작용을 포함하는 치료 가능한 만성적 의학적 질병(medical disease)이다."

초기 단계는 스트레스 상태에서 기분전환이나 현실 도피 방법으로 특정 물질을 취하거나 행위를 하는 단계부터 시작됩니다. 일반적으로 사람들은 힘들 때 가족이나 친구 또는 공동체나 하나님 같은 보다 높은 영적 존재와의 친밀한 관계에서 위안이나 힘을 얻습니다. 그런데 이러한 네 부류가 유효하지 못할 때 다른 관계에 의지하게 되는데, 이때 중독이 개입됩니다. 앞에서 언급한 "모두가 중독 하나쯤 갖고 있지/ 나에게는 우연히 그대가 되었을 뿐"의 시처럼 비인격체인 '그것'과 자기욕구 중심적인 일방적인 관계를 맺게 됩니다.

중독자의 모든 관계는 자신의 욕구 또는 욕망을 위한 대상對象일 뿐입니다. 거기에는 오로지 중독자의 입장과 갈망만 있죠. 상대를 오직 욕구 충족의 이미지象로 물격화物格化, 즉 비인격화합니다. 이를 '대상화 한다'고 말합니다.[35] 예를 들어, 저와 같은 범생이 중독자들은 다른 사람들에게 모범적으로 평가받는 것을 늘 갈망하죠. 그래서 사람들을 그 갈망을 채우는 도구로 남용할 수 있다는 것입니다.

자신의 갈망에 사로잡혀 상대의 인격, 즉 상대의 지성知性·감정感情·의지意志에는 무감無感하게 됩니다. 부모나 형제, 자매, 이웃은 물론 모든 관계가 대상일 뿐입니다. 만일 그가 기독교인이라면 아마

---

35. 대상 심리학에서 쓰는 용어로, 영어로는 '오브젝트'(object)라 한다. 유아는 엄마를 대상화하고 엄마의 입장이나 욕구를 상상도 할 수 없다. 그러나 정상적인 성장 과정을 거치면 엄마도 자신과 같이 입장과 욕구를 가지고 있는 존재임을 인식하게 되어 인격적 관계를 갖게 된다. 그러나 이런 정신적 성숙 과정을 거치지 못하면 정도의 차이는 있지만 미성숙의 상태로 유아적 대상화에 머물 수 있다.

하나님도 대상화했을 것입니다. 그에게 하나님은 알라딘에 나오는 램프의 요정 '지니' 정도겠지요. 이런 상태가 되면 종교도 하나의 중독으로 전락하게 되는 것입니다. 그러나 중독자는 자신의 그런 상태를 전혀 알지 못합니다. 저는 제 자신의 인격적 성장을 위해 대화 중에 상대를 단지 대상으로 보고 있는가, 아니면 인격체로 보고 있는가 자주 묻곤 합니다. 전자가 될 확률이 많은 사람이기 때문입니다.

스트레스나 부정적인 감정들을 해소하기 위해 사용했던 것들이 내성이 생기면 같은 효과를 위해 더 많이, 자주 찾게 됩니다. 그리고 어느덧 통제력을 잃어 가며 자연스러운 관계보다는 중독 관계를 더욱 찾게 되며 중독은 더욱 심화됩니다. 앞에서 언급한 뇌의 선조체에서 일어나는 반응 때문입니다. 중독 실행을 통해 도파민 쾌락과 환희를 경험하게 되지만, 한편으로는 사람들에 대해 혐오감을 갖게 됩니다. 이런 과정 속에 인간관계의 부재가 중독을 더 갈망하도록 만들어 중독의 횟수나 강도가 높아질 수밖에 없게 됩니다.[36]

이런 상태가 진행되면 불쾌한 감정들은 다른 사람과 교류하라는 신호가 아니라 중독을 실행하라는 신호가 되죠. 예를 들어, 음란물 중독자가 홀로 오랜 시간 동안 일에 매달려 있다가 갑자기 혼자라는 느낌과 스트레스를 느낄 때 이는 즉각 음란물을 보라는 신호signal로 작동하게 됩니다. 이런 과정에서 정말 혼자라는 느낌은 중독적 강박

---

36. 자세한 내용은 워즈만(Rachel Wurzman)이 TED에서 강연한 "어떻게 고립이 아편 중독에 불을 지피는가"(How isolation fuels opioid addiction)를 참조하라. 참고로 사람이 제일 많이 웃을 때는 길거리에서 사람을 만났을 때라고 한다. 이런 만남의 시간들이 결여될 때 우리 몸은 대체할 쾌락을 찾게 된다. https://www.ted.com/talks/rachel_wurzman_how_isolation_fuels_opioid_addiction

으로 변형되고 실제 관계를 찾기보다는 더욱 스스로를 소외시키고 음란물을 더욱 추구하게 되는 것입니다.

이제 통제력을 상실한 채 더 강한 음란물을 더 자주 찾게 됩니다. 물론 불안하고 죄책감도 느낍니다. 비중독적 자아가 아직 힘을 발휘하고 있으니까요. 하지만 이내 곧 내부에서 보내는 경고 신호를 무시하는 방법도 터득하게 됩니다. 자신의 중독 탐닉과 실행을 정당화시킬 수 있는 특유의 중독 논리와 신념들로 무장하기 시작하죠. 이 과정에서 없던 새로운 자아가 탄생하는데, 이를 중독적 자아addictive self라 부릅니다.

사람들의 내면에는 여러 자아들이 있습니다. 예를 들어, 사도 바울이 "내 지체 속에서 한 다른 법이 내 마음의 법과 싸워 내 지체 속에 있는 죄의 법으로 나를 사로잡는 것을 보는도다"(롬 7:23)라고 탄식하고 있습니다. 여기서 사도 바울은 두 법이라고 했지만 현대 심리학에서는 두 자아selves라고 합니다. 한 어린이가 자기 안에 흰 개와 검은 개 두 마리가 있는데 서로 싸우는 것 같다는 것도 내면의 두 자아에 대한 비유 이야기입니다. 프로이트는 우리 안에 있는 다양한 자아들, 즉 이드id, 자아ego, 그리고 초자아superego의 역동적 관계로 자신의 이론을 전개했습니다.

이와 같이 사람들의 내면은 여러 자아들로 구성되어 있습니다. 일반적으로 그중 비교적 지배적인 자아가 있어 전체를 아우르며 어느 정도의 통일성이 있고 예측 가능한 모습으로 나타나는 것을 일반적으로 성격이라고 말합니다. 지배적인 자아 밑에 다양한 자아들이 있어야 상황에 따라 적절히 대응할 수 있으니, 다양한 자아들의 존재는 좋은 것입니다.

그러나 소설 《지킬 박사와 하이드 씨》에서 보여 주는 경우는 많이 다릅니다. 어느 날 지킬 박사는 자기 안에 하이드란 파괴적인 존재를 만듭니다. 초기에 지킬 박사는 자신이 원하는 대로 하이드로 변했다가 지킬 박사로 돌아올 수 있었습니다. 그러나 차츰 통제력을 상실하며 지킬로 돌아오는 것이 힘들어집니다. '숨는다'hide라는 발음을 가진 하이드Hyde는 더 이상 고분고분 숨지 않습니다. 급기야 하이드는 아무 때나 제멋대로 등장하게 되고, 종국에는 지킬을 완전히 파괴시킵니다.[37] 여기서 지킬을 비중독적 자아라 한다면 하이드를 중독적 자아라 할 수 있습니다.

중독적 자아란 중독 대상과 특별한 관계를 통해 새롭게 형성된 내면의 에너지 덩어리라 할 수 있습니다. 우리가 스트레스를 받고 있을 때 우연히 '그놈'과 놀게 되었는데 뜻밖의 쾌감을 경험했다고 가정해 봅시다. 짧은 시간임에도 마음에 특별한 자리를 차지하게 될 것입니다. 스트레스만 받으면 반복적으로 놀다 보니 어느덧 헤어질 수 없는 유일한 벗이 됩니다. 문제를 의식하고 주위에서 말려도 그 관계를 탐닉하다 보니 어쩔 수 없이 거짓말을 반복하며 그럴 듯한 이유까지 만들어 관계를 계속합니다. 그놈에게 중독된 것이죠. 그리고 우리 안에는 중독적 자아가 생긴 것입니다.

그놈을 생각할 때 신체적이고 심리적인 불쾌감은 제거되고 반대

---

37. 로버트 스티븐슨의 《지킬 박사와 하이드 씨》는 선과 악이 공존하는 인간의 모순적인 모습을 보여 준다. 또한 중독, 특히 중독적 자아 형성과 지배 그리고 그 파괴력을 이해하는 데 있어 매우 좋은 소설이므로 반드시 읽어 볼 것을 권한다.

로 즐거움과 기대감이 일어납니다. 실제로 술을 마시면 기분 좋은 취기에 긴장감이 풀리며 느긋해지고 기분도 고양되죠. 이러한 유쾌한 기대감으로 술을 갈망하는 사람은 비교적 가벼운 증상의 초기 중독 단계라 할 수 있습니다.

그 단계에서 어느덧 중독을 실행하는 것을 생각만 해도 미묘한 흥분감에 빠집니다. 그 황홀감에 압도되어 버리는 것이에요. 중독 자아에 저항해 보지만 결국 굴복하게 됩니다. 그럴 때마다 중독 자아는 더욱더 통제권을 갖게 되어 비중독 자아가 저항하는 것도 무의미하다는 것을 깨닫게 됩니다. 이제 하이드처럼 중독 자아가 주인 행세를 하는 지배자 단계에 이른 것입니다. 이 단계에 이르면 금단으로 인한 심리적 불편감을 줄이기 위해 술을 마실 때가 훨씬 많아집니다. 좋아서 마시는 것이 아니라 술에 대한 의존증으로 마시게 되는 것입니다. 이를 중증 중독 단계라 합니다.

중독 자아의 철저한 통제와 삶의 양식의 변화

중증 중독 단계에 이르면 삶의 양식樣式, style이 완전히 달라집니다. 이젠 기분 변화를 위해서가 아니라 갈망이 일어나 실행하지 않으면 안 될 것 같은 중독 강박에 따라 살게 되는 것입니다. 이런 상태를 아놀드 루드비히Arnold M. Ludwig는 다음과 같이 묘사합니다.

술에 대한 갈망을 느낄 때마다 술을 마신다면 알코올 중독자는 일종의 자동제어장치에 불과하다. 만약 그렇다면 알코올 중독자는

정해진 자극에 따라 톱니바퀴처럼 반사적으로 반응만 보이는 기계에 지나지 않는다. [38]

중독 강박 상태가 심해질수록 중독자는 실행할 때마다 느끼는 수치심과 고통을 은폐하기 위한 자기방어에 필사적이 됩니다. 아직 중독자가 아니라는 부정과 자신이 통제하고 있다는 과장 등의 다양한 심리적 방어기제가 작동합니다. 이는 죄책감 없이 자신이 원하는 대로 행동할 수 있기를 원해서입니다. 이러한 방어기제는 중독 고유의 논리, 망상, 중독 의례儀禮. ritual, 그리고 사이클에 의해 더욱 견고해집니다.

이런 것들이 생활방식으로 굳어지고 더욱 견고해져 웬만한 일들로는 빈틈이 생기거나 흔들리지 않게 됩니다. 이제 중독자는 중독적 삶의 양식을 유지하고 강화시키기 위해 지속적인 거짓말에 엄청난 시간을 소모합니다. 정서적, 정신적, 물리적으로 비밀스러운 세계를 가지며 주변 사람들로부터 스스로를 소외시킵니다. 이는 모순되게도 외로움을 유발시켜 누군가에게 다가가서 유대를 맺고 싶은 갈망을 만들어 냅니다. 하지만 그러한 갈망은 '실행하라'는 또 다른 내면의 신호가 되어 중독의 악순환이 강화되지요. 이제는 하이드가 절대적인 통제자가 된 것입니다.

이는 정상적인 사람들은 도저히 이해할 수 없는 세계입니다. 그래서 좋은 의도를 가지고 도움을 주려 하지만 그런 의도는 오히려 상황을 악화시킬 수 있습니다. 중독자는 자기 마음을 자신에게 숨겨야

---

38. 아놀드 루드비히, 《중독자의 내면 심리 들여다보기》, p. 125.

합니다. 중독을 지킬 수 있는 유일한 방법이기 때문이죠. 따라서 회복 중에 있는 중독자나 돕는 사람들은 이에 대해 잘 이해하고 적절히 대처해야 합니다.

먼저, 통제와 관련된 여러 양상들입니다. 중독자들은 통제 착각illusion of control 속에 사는 사람들입니다. 매우 강박적이죠. 그들은 무엇이든 통제하려고 합니다. 내면의 감정은 물론 가족과 이웃 그리고 세상도 끊임없이 통제하려고 합니다. 물론 하나님도 통제의 대상이고 신앙도 통제의 도구가 될 수 있죠. 이런 상태의 신앙을 종교 중독이라고 부릅니다.

이렇게 통제 중독이 된 이유는 그들의 핵심 정서에 두려움과 수치심이 있기 때문입니다. 통제하지 않으면 두려워하는 상황이 벌어질까 봐 어떻게 해서든 상황을 통제하려 하는 것입니다. 그러나 통제력을 잃고 역설적으로 중독에 통제당하는 상태가 된 사람들입니다. 중독자들은 대부분 자존감이 낮은 사람들입니다. 그래서 실패감과 수치감의 경험들과 그 감정들에 매우 예민합니다. 어떻게 해서든 통제해서 그런 경험을 재현하고 싶지 않은 정신세계를 갖고 있는 사람들입니다.

또한 중독자들에게는 인과관계가 아주 중요합니다. 미래에 대해서는 '만일 …한다면'으로, 현재에 대해서는 '만일 …하면'으로, 과거에 대해서는 '만일 …했더라면'으로 통제합니다. 이것을 중독자들의 '3대 만일'이라고 합니다. 그리고 이러한 논리는 모두 '…하면 반드시 …될 것'이라는 강박적 단순 논리입니다. 그러나 실제 삶에서 일어나는 많은 일들은 한 가지 원인으로 귀착될 수 없으며, 내재적이고 외재적인 여러 원인들이 복합적으로 작동하며 발생하는 것입니다. 그런데 그들은 늘 한 가지 요인, 그것도 외재적인 요인에서 찾게 되는데, 대표적인 예가 '만일 이런저런 부모나 상대 또는 환경을 만났다면 지금 같은 불행은 없었을 것'이라는 생각입니다. 자신의 불행과 실패를 모두 다른 사람의 탓으로 생각하고, 철저하게 외적인 것에 의존해서 행복과 불행을 찾게 됩니다. 그래서 의존 중독이라고 합니다. 모두 부모와 세상 탓입니다. 세상에 대해 매우 부정적일 수밖에 없습니다. 실제 중독자는 정작 신뢰할 수 없는 자신 외에는 아무도 신뢰하지 않습니다. 모순 그 자체죠.

외재적 요인과 관련해 중독자들은 자아 개념을 외적 준거에 의존하는 특징을 보입니다. 즉, 타인의 평가에 의존해 자신의 존재감과 가치감을 확인한다는 것입니다. 타인의 인정과 칭찬을 통해 존재감을 느끼는 반면 무관심이나 부정적 평가에 대해서는 비참함과 분노를 느낍니다. 그런 면에서 중독자들은 의존적 성격을 가진 사람들이고 그런 의존적인 태도로 평생 자신이 누구인지 모릅니다. 이들에게 세상은 제로섬zero-sum게임[39]으로 비춰지죠. 그래서 다른 사람이 사랑과 칭찬을 받으면 자기 몫이 사라진 양 비참해하고 시기와 질투를 하게 됩니다. 불안과 두려움이 이 제로섬에서 나오는 것입니다.

인과론과 관련해 중독자들은 전형적인 흑백논리를 펼치는 사람들입니다. 세상은 스펙트럼, 즉 흑과 백 사이에 다양한 색들이 존재

---

39. 어떤 시스템이나 사회 전체의 이익이 일정하여, 한쪽이 득을 보면 반드시 다른 한쪽이 손해를 보는 것을 뜻한다.

하는데, 중독자들은 모든 것이 흑백으로 보입니다. 그래서 고양감과 우울, 선과 악, 통제와 통제 불능, 우월감과 무가치(열등감), 자기 의(오만)와 수치감, 전적 자기책임감과 무책임, 승리감과 패배감 등 모든 것이 둘 중에 하나입니다. 그래서 불안정하고 비현실적이며 모순적인 삶을 지속적으로 이어 갑니다.

역설적으로 이런 통제에 대한 욕망 때문에 결국 전혀 통제할 수 없는 상태에 이르게 됩니다. 그러나 중독자 특유의 부정과 과장이라는 심리적 방어기제 때문에 끝까지 통제하려고 합니다. 부정은 통제를 잃어 가는 현실을 무시하고 자신은 아직도 통제하고 있다는 비현실적 믿음에서 나오는 것이죠. 이런 부정의 마음은 종종 지독한 정신병적 수준까지 이릅니다. 증거가 너무 명백해 부정할 수 없는데 현실에 완전히 눈을 감아 버리는 수준에 이르는 것입니다.

과장은 그들 특유의 교만과 관련된 방어기제입니다. 누가 뭐래도 자신은 절대 중독자가 아니라고 과장하는 것입니다. 자신은 여전히 중독을 통제할 수 있고 삶을 통제할 수 있다는 일탈된 신념이 망상에서 나오는 것입니다. 예를 들어, 중독자가 자신과의 약속을 한 번도 지킨 적이 없는데 술을 마시면서 "내일은 술을 안 마실 거야. 그러면 모든 문제가 해결되고 바라던 평화가 찾아오겠지"라고 중얼거리는 모습을 상상해 보세요. 지독한 거짓과 자기기만이죠. 그런 내일은 절대 오지 않을 것입니다. 통제에 대한 망상일 뿐입니다.

두 번째 알아야 할 것은 중독 논리와 중독 고유의 망상체계입니다. 치유와 회복의 과정에 중독자는 물론 돕는 사람들도 중독 고유의 논리와 망상적 신념체계가 있다는 것을 깨닫고 집요하게 추적해 나가야 합니다. 그러지 않으면 결코 중독을 극복할 수 없을 것입니다.

먼저 '중독 논리'부터 설명하겠습니다. 중독 논리는 중독자가 자신의 내면에서 일어나는 아주 미묘하고 작은 변화를 정당화하는 과정에서 형성되고 발달되는 것입니다. 일반적으로 중독자가 제일 먼저 경험하면서도 제일 늦게 알아차리는 것입니다. 예를 들어, 섭식중독자가 과식하고 싶은 내적 갈망과 싸우는 모습을 상상해 봅시다. 아주 초기에는 이런 갈망을 간단하고 빨리 처리할 수 있겠죠. 그러나 서서히 통제력을 상실하며 "내가 이렇게 먹는 것은 아주 가끔 있는 일이지", "이건 내가 TV를 보면서 하고 싶은 것이지", "내일부터 다이어트를 하기로 했으니까 오늘은 먹어도 되겠지" 등과 같은 자기 독백을 하며 중독적 행위를 정당화할 것입니다. 결국 중독 논리의 목적은 어떤 형태로든 중독의 실상을 부인하며 중독 물질을 접하게 하는 것입니다.

중독 논리는 정서적 욕망에 뿌리를 둔 정서 논리입니다. 정서적 논리는 "나는 내가 원하는 것을 원하며, 지금 당장 그것을 원한다"라는 말로 요약될 수 있습니다.

예를 들어 보겠습니다. 한 경마도박 중독자가 자기는 이번 주에는 도박을 하지 않겠다고 다짐합니다. 그러나 얼마 지나지 않아 직장에서 스트레스를 받고 기분전환을 위해 경마신문을 훑어보고 싶은 갈망을 느낍니다. 그러면서도 이번 주에는 도박을 하지 않을 것이라고 자신에게 다짐합니다. 그렇게 경마신문을 훑어보는 중에 '정서적 논리'가 확실한 건수를 발견했다는 소리를 내기 시작합니다. 그리고 잠시 싸워 보지만 그 정서적 욕망 논리는 중독을 실행시킬 정당한 생각(사고 논리)들로 설득하지요. 마치 TV 홈쇼핑 호스트의 유혹적인 멘트처럼 말이에요. 몇십 초 남았다는 말에 결국 구입하는 것처럼 도박에 뛰어들게 될 것입니다. 중독 논리는 정서적인 갈망을 충족시키고 긴장을 해소시키려는 정서적 논리입니다. 이 기회를 붙잡지 않는 것은 바보 같은 짓이라는 논리 앞에 이길 중독자는 없습니다.

'망상'妄想, delusion이란 이치에 어그러진 생각 혹은 병적 원인에 의해 생기는 그릇된 주관적 신념을 말합니다. 현실에 기인하지 않은 생각이나 이론, 혹은 세상을 보는 관점 등에 있어서 그것을 정확한 사실이라고 믿고 있는 경우를 말합니다. 중독자들은 그들만의 고유의 망상 체계가 있는데 이는 중독 논리가 서서히 강화되며 하나의 신념 체계로 발전한 것입니다. 그 목적은 중독을 합리화하고 강화시켜 중독자를 그 안에 꼭꼭 가둬 두는 데 있습니다. 복잡하고 매우 경직된 체계로 맹목적 신앙과 같이 어떻게 해서라도 중독을 실행하도록 하는 데 있습니다.

중독의 망상체계가 견고한 진陣과 같이 자리하면 에덴동산에서 아담과 하와를 유혹했던 뱀과 같아지죠. 온갖 거짓, 속임수, 기만, 은폐, 핑계excuse, 과장 등으로 집요하게 설득하여 결국은 금단의 열매를 먹게 합니다. 이 망상체계가 작동하면 '거짓의 아비'가 됩니다. 무슨 말과 생각을 해도 다 거짓이죠. 결국은 실행하는 것이 목적이니까요. 좋은 의도를 가지고 돕고자 하는 가족과 이웃들도 혐오감으로 결국은 포기하게 됩니다. 다 거짓이니까요. 중독 논리와 망상의 목적은 중독자를 중독 자아 안에 확실히 가둬 두는 데 있다는 것을 기억해야 합니다.

중독 자아 안에 가둬 두는 또 하나의 방법은 '중독 리추얼'the ad-dictive rituals입니다. 세 번째 숙지해야 할 용어입니다. 리추얼은 의례儀禮를 의미합니다. 원래는 일정한 격식을 갖추고 신을 불러내는 종교적 행사나 예식을 뜻합니다. 세계 4대종교라고 하는 기독교, 불교, 이슬람교, 힌두교 모두 그 나름대로 리추얼을 가지고 있습니다. 통속적 미신 종교들도 각자 신들을 불러내는 리추얼을 가지고 있는데, 한국의 경우 무속의식의 신내림 과정이 대표적인 예라 할 수 있을 것입니다.

중독에도 그런 리추얼이 있습니다. 소위 '중독 신'과 접촉하는 과정이죠. 중독자들이 바로 중독 행위에 빠지는 경우는 거의 없습니다. 무속인이 일정한 리추얼을 거치며 귀신에 빠져들 듯이 중독 리추얼을 통해 중독에 빠져듭니다. 한 예로 성 중독으로 늘 위기감 속에 살아가는 A성도의 중독 리추얼을 살펴보겠습니다. 이분의 중독 리추얼을 잘 이해한다면 중독과 싸우는 중독자나 중독자를 돕는 분들에게 큰 도움이 될 것 같아 좀 구체적으로 설명하고자 합니다.

A성도는 방치된 가정에서 자라며 청소년 때 형들로부터 부적절한 성적 자극을 경험하게 됩니다. 고등학교 이후 신앙생활을 하면서도 1년에 2, 3차례씩은 성매수를 했다고 합니다. 대학 졸업 때 큰 회심을 하게 되고 결혼과 더불어 힘든 선교지로 나갑니다. 그러나 그곳에서 몇 차례 부적절한 성관계를 한 사건이 드러나 한국에 돌아와 2년에 걸쳐 상담을 받게 됩니다.

외국에 있을 때, 어느 날 갑자기 '그동안 성적 충동을 잘 참았다'는 생각이 일어나며 그런 자신에게 어떤 보상을 해줄 필요가 있다는 생각이 듭니다. 그 보상으로 집에 감춰 둔 술을 몇 잔 합니다. 술기운이 돌자 갑자기 비디오방에 가고 싶다는 충동이 일어나 거짓 핑계를 대고 비디오방을 찾아갑니다. 그리고 그곳에서 자극적인 장면을 보자 성경험에 대한 갈망craving이 일어납니다. 중독자에게 이 갈망은 너무나 강렬해 중독으로 이어지지요. A성도는 갈망 실행의 가능성이 있는 길거리를 배회하기 시작합니다. 그러나 아직도 마음에는 통제할 수 있다는 망상이 작동하고 있죠. 눈치를 채고 상대가 다가와 흥정을 합니다. 자신은 그런 사람이 아니란 듯이 물리치고는 그보다 덜 퇴폐적이라고 생각되는 마사지숍을 찾아갑니다. 참으로 우스꽝스러운 타협이죠. 이제 그곳에서 마사지를 받으며 중독 욕망을 '실행'합니다(acting out). 실행은 중독 갈망을 실제 행위로 표출하는 것을 뜻하는 전문용어입니다. 하지만 곧이어 허탈감과 죄책감 그리고 절망을 경험합니다. 그리고 절대 그런 짓을 하지 않겠다고 새로운 결심을 하지만 반복하게 되죠. 이 전全 과정이 중독 리추얼입니다.

물론 이것만이 전부는 아닙니다. 어떤 날은 즐겁고 기분이 좋다는 이유로 시작됩니다. 기분이 좋으니 좋은 영화 한 편을 보아야겠다고 생각합니다. 집에서 영화를 보다가 성적 자극을 경험하고 '진한' 영화를 보고 싶다는 욕구에 핑계를 대고 더 자극적인 영화를 찾습니다. 그리고 앞의 과정을 반복합니다. 기분이 나빠도 마찬가지입니다. 외롭거나 우울감을 느낄 때, 지루함이나 공허감을 느낄 때, 기분 전환의 필요성을 느끼며 영화나 술을 생각하게 됩니다. 그러고는 결국 성적 욕망을 채우죠. 그리고 이어지는 죄책감에 후회하고 새로운 결심을 하지만 결국 전全 과정을 반복하게 될 것입니다.

위에서 보았듯이 중독 리추얼은 모두 처음에는 중독과 아무 상관 없어 보이는 '순진한 생각'에서부터 시작됩니다. 정신과 전문의 아놀드 루드비히 박사는 《중독자의 내면 심리 들여다보기》에서 알코올 중독자들의 술로 이어지는 '순진한 생각', 즉 리추얼의 첫 단추를 '꿀꿀한 생각'stinking thinking이라는 이름으로 소개합니다.

알코올 중독과 싸우는 중독자나 돕는 이들이 반드시 인지해야 할 여덟 가지 '꿀꿀한 생각'은 다음과 같습니다.

- 괴로움에서 벗어나고 싶다.
- 느긋하게 쉬고 싶다.
- 사람들과 어울리고 싶다.
  — 술 중독자들은 자존감이 낮고 자의식이 강한 사람들입니다. 따라서 대인관계의 불편함을 달랠 수 있는 윤활유, 술기운이 필요한 것이죠.
- 사랑에 빠지고 싶다.
  — 삶이 심심하거나 만족스럽지가 않아 뭔가 달콤하고 신나는 로맨틱한 일을 기대하는 마음에 술을 필요로 하게 되는 것이죠.
- 즐기고 싶다.
- 될 대로 되라.
- 내 뜻대로 통제할 수 있다.
- 아무것도 통제할 수 없다.

중독 리추얼의 시작인 순진한 생각을 인식하고 처음부터 효과적으로 다룰 줄 모르면 중독을 결코 극복할 수 없을 것입니다.

위의 내용들을 정리하면 아래 도표와 같습니다. 중독학에서는 이것을 중독 사이클이라고 부릅니다. 중독은 초기, 중기, 말기 단계를 거치며 더욱 공고해집니다. 중기에서 말기로 가며 중독자들은 사이클을 반복해 더 많은 에너지를 중독 과정에 쏟게 됩니다. 에너지의 방향이 새롭게 바뀌게 되죠. 과거에 중요했던 활동이나 사람들이 이제 덜 중요해지고 중독과 대부분의 시간을 보냅니다. 결국엔 중독과의 관계를 유지하는 데 전념하게 되고, 그동안 의미 있는 가족과 사람들로부터 고립되고 맙니다. 이것이 중독에서 가장 무섭고도 슬픈 부분입니다. 이제 중독 말기 단계에 이른 것이죠.

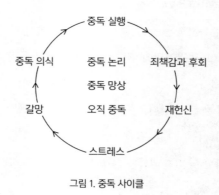

그림 1. 중독 사이클

바닥치기(hitting bottom)

중독 말기 단계에서 중독은 심한 고통, 두려움, 수치심, 외로움과 분노를 일으키게 됩니다. 깨어 있으면sober state, 즉 정상적인 상태에서 그런 것들을 느끼는 것이 몹시 괴롭게 됩니다. 중독이 주는 쾌감 때문이 아니라 중독이 아닌 상태를 견딜 수 없어서 중독 상태에 머물기 원하는 것입니다. 비정상이 정상 상태가 된 것이죠. 이제 24시간 중독에 대한 생각에 빠져 있고, 기회만 생기면 실행에 옮깁니다. 싸움도 완전히 포기한 상태죠. 중독 존재, 그 자체가 되어 버린 것입니다. 이런 상태에 이르면 치유는 거의 불가능하게 됩니다.[40]

이 단계에서 중독자는 중독생활에 보탬이 되는 사람과 아이디어만을 대하고 다른 모든 것은 그냥 흘러가게 합니다. 이런 상태의 중독은 특이한 종류의 지옥이죠. 중독자의 영혼을 사로잡고 그들을 사랑하는 모든 사람의 마음을 으깨 버리죠. 결국 좋은 의도를 가지고 돕던 이웃도 그 끔찍함에 포기합니다.

> 내가 당신과 싸우면서 깨닫게 된 것은, / 거짓말 당하는 것과 싸우는 것이고 / 당연히 여겨지는 것과 싸우는 것이며 / 실망 당하는 것과 싸우는 것이고 / 또 다시 상처받는 것과 싸우는 것이며… / 그래서 결국 싸움을 내려놓기로 했습니다.[41]

이로 인해 다 떠나고 철저히 고립됩니다. 실직, 건강 상실, 파산,

---

40. 프랑스의 정신분석학자이며 철학자인 라캉(Jacques Lacan)은 중독 환자들과 일하다가 어떤 심리적 작업으로도 치유되지 않는 사람들을 발견하였다. 그 결과, 이들에게 중독은 '정신신체적'인 상태가 된 것으로 존재를 지탱해 주고 일관성 있게 해주는 것이라고 하였다. 이에 대해 좀 더 자세히 알고 싶으면, 이철 교수가 쓴 《욕망과 환상》 중 제3장 "'신'들의 전쟁"을 읽어 보라. 난해한 라캉의 이론을 매우 쉽게 설명하고 있다.

41. https://www.pinterest.co.kr/SavannaMarie69/drug-poems/

이혼과 같은 큰 위기들을 경험합니다. 그리고 '질릴 대로 질리고 지칠 대로 지친' 가족도 떠나게 되죠.

> 물에 빠져 허덕이는 당신을 보고 있죠. / 하지만 저는 떠나야만 합니다. / 만일 뛰어들어 당신을 구하려 하면, / 당신은 나를 밀어 넣을 것입니다. // 제가 돌아서 가는 것을 보며, / 무관심하다 생각하지 마세요. / 당신은 당신의 한 모금의 갈망 속에, / 그 눈물을 볼 수 없기 때문입니다. [42]

삶이 완전히 무너져 버리고 '바닥치기'에 이르지 않으면 홀로 안타까운 죽음을 맞이할 수 있죠. 바닥치기란 중독자가 더는 참을 수 없다고 여기는 위기 상황을 거치며 회복 과정으로 들어가게 되는 계기를 말합니다. 처음으로 중독 방어기제인 부정과 과신·과장을 내려놓고 자신이 중독자라는 것을 진솔하게 시인하며 도움을 청하는 시기죠. 이는 신체적, 정서적, 사회적, 또는 영적 성격을 띱니다.

누가복음 15장에서 아버지의 재산을 갖고 떠난 탕자가 외지에서 그 모든 재산을 쾌락으로 낭비한 후 돼지먹이조차 먹을 수 없는 자신의 참담한 상황을 깨닫게 됩니다. 그러고는 아버지 집에서 일하는 품꾼보다 못한 자신의 모습을 보고는 "내가 일어나 아버지께 가서 이르기를 아버지 내가 하늘과 아버지께 죄를 지었사오니 지금부터는 아버지의 아들이라 일컬음을 감당하지 못하겠나이다 나를 품꾼의 하나

---

42. 앞의 웹사이트.

로 보소서 하리라 하고"(눅 15:18-19), 아버지와 회복되는 관문으로 들어갑니다. 이를 중독학에서는 '바닥치기'라고 합니다. 이 상태에 대해 루드비히 박사는 다음과 같이 설명합니다.

> …'술이 깨는, 정신이 번쩍 드는'sobering 특징이 나타나기 때문이다. 이제 중독자는 현실을 통절히 인식하고 지독한 궁지에 몰려 있는 자신의 처지를 깨닫는다. 자기통제에 대한 환상을 유지하려고 더는 애쓰지 않는다. 이제 자신이 역겹게 느껴진다. 싸움에서도 완전히 패했다고 느낀다. 스스로 무방비 상태이고 취약하여 극도로 고립되었다고 생각한다. 어떻게 해야 하는지 누군가 알려 주기만을 간절히 바라고 누군가에게서 위로를 기대한다. 그리고 적절히 치료받을 수 있는 대상에게 기꺼이 자신을 맡길 마음 상태가 된다.[43]

그는 이어 말합니다.

> 종교적 혹은 이념적으로 전향한 사람처럼, 이렇게 완전히 항복한 중독자의 마음에서는 감정의 대규모 전이와 재배치가 일어난다. 한때 중독자들을 지배했던 관념이나 정서, 사고방식은 순식간에 옆으로 밀려나고, 전에 없던 새로운 행동방식의 토대가 구축되며 새로운 원동력이 삶을 주도하기 시작한다. … 중독자는 갑작스럽

---

43. 《중독자의 내면 심리 들여다보기》, p. 197.

게 자기 자신과 주변 세상을 새로운 관념으로 바라보게 된다.[44]

앞에서 소개한 성 중독자 A성도의 경우는 어느 날 꿈속에서 신비한 유체이탈 경험을 한 후, 중독을 완전히 멈추어 버렸습니다. 꿈속에서 자신이 마사지 숍에서 성적 욕망을 채우는 모습을 위에서 내려다보며 역겨워하고 있었다고 합니다. 그런데 그 옆에서 아들과 딸도 자신을 역겹게 바라보고 있고, 아내는 뒤돌아 눈을 가린 채 분노하며 아이들을 위해 이혼을 결단하더랍니다. 꿈에서 깬 후 "이것은 사람으로서 도저히 할 수 없는 일이야"라는 생각과 함께 깊은 두려움에 사로잡혔다고 합니다. 그 이후 그런 갈망을 느낄 때마저 그 역겨움과 두려움이 밀려와 단호히 싸울 수 있었죠.

저의 경우에는 기도 중에 삶과 죽음의 경계선에 서 있었던 적이 있습니다. 어쩔 수 없는 죽음의 현장에서 죽음을 있는 그대로 받아들이는 순간 주님의 임재와 더불어 고요함과 평화로움 그 자체인 새로운 세계에 발을 들여놓는 경험을 했습니다. 사도 바울이 환상과 계시를 경험한 사람을 언급하며 "그가 몸 안에 있었는지 몸 밖에 있었는지 나는 모르거니와 하나님은 아시느니라"(고후 12:3)라고 말했죠. 제 영적 경험을 그보다 더 적절하게 표현할 수 있을까 생각해 봅니다. 그 후 제가 지금까지 강박적으로 집착했던 것들이 얼마나 추하고 역겨운 것들이었는지 깨닫게 되었습니다. 그 영적 기쁨의 기대감이 에고 중독, 범생이 중독, 비교 중독, 자기 의 중독, 일과 권력 중독 등 온갖

---

44. 앞의 책, pp. 197-198.

중독과 작별하는 계기가 됐습니다.

중독 치료전문가로서 오랫동안 일을 하며 늘 신비하게 여겨 왔던 중독자들의 회복 경험이 저에게 일어난 것이죠. 비록 제가 전문가이지만 지금도 신비하다는 말 외에는 달리 설명할 길이 없는 것 같습니다. 물론 그런 갈망들이 한순간 다 사라진 것은 아닙니다. 그러나 그런 갈망이 일어날 때마다 죽음과 주님의 임재의 경계선에서 경험할 기쁨의 기대감이 그런 갈망보다 훨씬 더 커서 잘 이겨 나갈 수 있었습니다. 그때 히브리서 12장 2절 말씀이 이해되었죠. "… 그는 그 앞에 있는 기쁨을 위하여 십자가를 참으사 부끄러움을 개의치 아니하시더니 하나님 보좌 우편에 앉으셨느니라." 이 말씀에서 예수님이 땅에서의 갈망을 온전히 물리칠 수 있었던 비밀은 "그 앞에 있는 기쁨", 즉 하나님과의 온전한 교제에서 오는 기쁨과 그에 대한 기대감이었을 것이라고 이해했습니다. 세계적인 복음주의 신학자 존 파이퍼 목사는 이런 상태를 "기독교 쾌락주의"hedonism라고 불렀습니다.[45]

물론 모든 중독자들이 바닥치기를 통해 회복 과정으로 들어가는 것은 아닙니다. 그러나 개인적으로 이 부분을 길게 설명하며 강조하고 싶은 이유는 진정한 치유와 회복은 이를 통해서만 가능하다는 개인적이고 임상적인 경험에서 온 확신 때문입니다.

회복기는 2년에서 5년 정도로 봅니다. 외부의 전문적 도움을 받

---

45. 기독교 희락주의라고 번역되기도 한다. 중독자들이 추구하는 그런 쾌락이 아니라 주님과의 인격적 교제에서 오는 쾌락을 뜻한다. 예수님 안에 거할 때 그 자체에서 오는 선물이다. "내가 이것을 너희에게 이름은 내 기쁨이 너희 안에 있어 너희 기쁨을 충만하게 하려 함이라"(요 15:11).

으며 부정과 저항 내려놓기, 자신의 회복과 잘못된 행동에 책임지기, 중독과 절제력을 이해하기, 집단치료 참여, 멘토와 지속적 교감, 12단계 실천, 부정적 감정 표현, 거짓 신념 바꾸기, 새로운 정체감 확립하기, 친밀감과 새로운 관계 맺기 등을 훈련하기 시작합니다. 그러나 회복은 순탄한 길만은 아닙니다. 또 다른 차원의 지옥과의 싸움이죠. 아래 글은 회복 중에 있는 분들이 얼마나 힘든 시간들을 보내고 있는지 느낄 수 있는 글입니다.

회복은 예쁘지 않습니다.
고통이 없거나 단순하거나 즉각적인 것이 아닙니다.
그것은 뒤로 미끄러지고 장애물과 의심으로 뒤덮인 길입니다.
다시 열린 흉터와 잠 못 이루는 밤, 가장한 미소로 훼손된 길.
...
회복은 어렵습니다. 지저분하고 고통스럽고 혼란스럽습니다.
그러나 불가능하지는 않습니다.

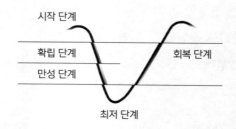

그림 2. 이상적으로 본 중독으로부터의 회복 곡선

그림 3. 실제적인 중독으로부터의 회복 곡선

회복은 재발을 반복하며 그림 3처럼 구불구불 점진적으로 치유되는 과정입니다. 중독자들은 회복의 과정에서도 몇 차례의 바닥치기를 경험합니다. 이유는 '교차 중독' 때문입니다. 이는 중독치료 현장에 자주 목격되는 현상인데 하나의 중독을 다른 중독으로 대치하는 패턴입니다. 예를 들어, 술 중독자가 단주에는 성공하지만 각성제나 약물과 같은 다른 것에 중독되는 현상입니다. 이에 대해 필립 플로레스Philip J. Flores 박사는 다음과 같이 말합니다.

관리되지 않을 경우 많은 중독자는 섭식장애, 게임 중독, 섹스 중독, 니코틴 중독과 같은 다른 중독 행동에 교차 중독된다. 중독자들은 자신들의 중독에 더 이상 출구가 없게 될 때 점점 불안해한다. 중독 전문가들은 이렇게 마지막 출구가 닫히는 것이 매우 중요하다는 것을 알았다. 왜냐하면 이 마지막 문이 닫힐 때 중독자는 본능적으로 이전에 본 적이 없던, 진정한 변형 경험으로 인도되는 고통스러운 문을 통과하게 된다. A. A.[46]에서 이러한 변형 경험을 회복이라고 부른다.[47]

이전에 회복 과정을 돕던 어느 중독자가 자신의 회복 과정을 돌아보면서 "회복의 가장 힘든 부분은 내가 정말 회복하기 원하는지 확신이 서지 않을 때인 것 같아요"라고 말하는 것을 들은 적이 있습니다. '나는 정말 회복하기 원한다'는 것을 직면하는 것이 회복의 정수입니다. 결국 회복 과정 중에 재발과 교차 중독을 반복하며 이런 단계에 이르게 되죠. 이런 확고함이 설 때마다 새로운 도약적 회복 단계에 이르게 됩니다. 그리고 이 과정은 기독교의 성화와 같이 평생 걸어야 할 과정이기도 합니다.

회복 중에 있는 환자나 돕는 사람들이 꼭 숙지해야 할 용어가 있는데, 바로 '마른 주정'dry drunk입니다. 회복 중에 재발을 하는 많은 경우를 보면 마른 주정과 관련 있기 때문입니다. 마른 주정은 술에 대한 이야기도 아니고 술 중독에 대한 이야기도 아닙니다. 중독자들이 원래 갖고 있던 공통적인 심리적 상태로 회복 중에 있는 사람들이 다시 재발하게 되는 이유이기도 합니다. 마른 중독의 심리적 특성에 대해 아놀드 루드비히 박사는 다음과 같이 열한 가지를 열거합니다.

이 시기에 나타나는 중독자의 생각에는 몇 가지 특징이 있다. 이를테면 자기에게 연민을 느끼고, 일이 안 풀리면 남을 탓하고, 불만과 원한을 품고, 사소한 걱정거리에 집착한다. 과거를 곱씹으며 헤어나지 못하고, 최악의 결과를 상상하고, 사람들에게서 소

---

46. 익명의 알코올 중독자 모임.
47. 필립 플로레스, 《애착장애로서의 중독》, p. 31.

외된 느낌을 받으며, 책임을 외면한다. 일이 뜻대로 풀리지 않으면 지나치게 예민하게 반응하고, 충동적으로 행동하며 즉각적 만족을 주는 대상에 매달린다.[48]

저는 이런 심리적 요인이 중독에 빠지게 하는 이유라고 생각합니다. 그런데 술 중독에서 회복되고 있는 사람이 금주 중에 이런 상태에 빠지면 어떻게 되겠습니까? 조금씩 서서히 마시다 갑자가 폭음에 들어가 재발하게 됩니다. 제가 도왔던 회복 중에 있는 분노중독자(정식 명칭은 분노충동조절 장애)는 자신의 마른 주정 상태를 잘 인지하고 폭발 전에 저에게 15분씩 전화를 하곤 했습니다.

실제 술 중독자나 분노 중독자는 술이나 분노로 자신의 마음을 달랬던 사람들입니다. 뇌신경계는 술이나 분노로 해갈의 기쁨을 기대하도록 조건화되어 술이나 분노의 호르몬이 들어오지 않으면 심리적으로 불안정해져 안절부절못하게 됩니다. 결국 마른 주정은 해소를 위해 술을 먹거나 분노를 폭발할 이유를 찾는 것이라 할 수 있습니다. 격주 토요일마다 심한 부부싸움을 해 아내를 '사탄의 역사'라고 생각한 한 목사님을 도운 적이 있습니다. 결국 격주 토요일마다 자신이 마른 주정 상태에 빠진다는 것을 인식하고 다른 방법을 통해 그 상태에서 벗어났습니다.

별을 보려면 밤이 깊어야 하죠. 회복된 사람은 암흑의 중독에서 전에 보지 못하던 별을 보기도 합니다. 그로 인해 중독 전보다 훨씬

---

48. 《중독자의 내면 심리 들여다보기》, p. 60.

더 높은 인격적 단계에 이르기도 합니다. 주위에서 새사람 되었다고 신기해합니다. 그렇다고 완전한 회복이 보장된 것은 아닙니다. 성경의 히브리서 기자는 "한 번 빛을 받고 하늘의 은사를 맛보고 성령에 참여한 바 되고 하나님의 선한 말씀과 내세의 능력을 맛보고도 타락한 자들"(히 6:4-6)에 대해 언급하고 있는데, 회복 과정도 그렇습니다. 바닥치기를 통해 회복의 과정에 들어갔다가 다시 마약 중독이나 성 중독에 떨어진 전직 사역자들도 있었습니다.

미국 샌프란시스코 지역에서 중독치료 세미나를 할 때 마약 중독에서 회복한 30대 중반의 신학생이 참여한 적이 있었습니다. 그는 그 지역에서 성장하며 중국계 마약 카르텔과 연결되어 일원으로 활동하다 자신도 마약 중독자가 된 사람입니다. 결국 경찰에 잡혀 감옥에서 갱생 과정을 거치며 극적으로 하나님을 만나게 되었고, 마약 중독자들을 위해 헌신하게 됩니다. 그 지역에 있는 유명한 침례교 신학교를 다니며 그 꿈을 불태워 갔습니다. 제 강의를 들은 후 함께 그곳에서 중독자들을 위한 새로운 교회를 개척하자고 했던 뜨거운 사람이었습니다. 그렇게 19년이 지난 어느 날 우연히 그분을 알고 있는 다른 사역자에게서 열심히 사역을 하던 그분이 다시 마약 중독자가 되어 완전히 폐인이 되었다는 가슴 아픈 이야기를 듣게 되었습니다.

알코올 중독자 모임에서 종종 서로 만나고 헤어질 때 "중독은 당신을 죽도록 사랑합니다"라는 낯선 인사를 합니다. 이는 중독의 집요함에 대한 경고성 인사입니다. 중독은 부정과 과신이란 정신적 방어기제를 통해 중독자가 되게 하고, 중독이라는 감옥에 가둬 두며, 기적 같은 회복 중에도 다시 재발하게 하여 궁극적으로 당신에 대한 중독의 집요한 사랑을 이루고야 말죠. 사도 바울은 영적 성장을 위해 "… 항상 복종하여 두렵고 떨림으로 너희 구원을 이루라"(빌 2:12)고 권면하고 있습니다. 중독은 회복 과정에서 한 치의 방심도 허용할 수 없는 치열한 싸움입니다. 늘 깨어 있어야 합니다.

결코 홀로 싸울 수 없는 싸움입니다. 전문가는 물론 중독과 치열한 싸움에서 살아남은 노장의 절대적인 도움이 필요한 전쟁이죠. 회복의 과정을 함께하며 서로 이해하고 정직할 수 있는 공동체가 있어야 합니다. 가족은 상대적으로 멀어져야 합니다. 중독은 개인의 문제가 아니라 가족 시스템에서 오는 것입니다. 중독자가 있다는 것은 이미 가족시스템이 중독시스템이라는 뜻이고 가족들은 그 중독에 동조한 사람들, 동반중독자들입니다. 따라서 그들도 함께 치료를 받아야 합니다.

사랑의 부재, 중독

그런즉 믿음, 소망, 사랑,
이 세 가지는 항상 있을 것인데
그 중의 제일은 사랑이라_고전 13:13

미국에는 한국의 질병관리청장과 같은 역할을 하는 공중위생국장^{Surgeon} General이 있습니다. 그곳의 수장으로 미국 의학계를 대표하는 권위인물의 말이라며 지도 교수님께서 병^{illness}의 정의를 칠판에 이렇게 쓰셨습니다. "ILL Is Lack of Love." 'Is Lack of Love'의 앞 자를 따면 다시 'ILL'이 되니 기발한 언어 놀이죠. '병은 사랑의 결핍'이라는 것입니다. 제 가슴에 하나의 화두와 같이 평생 깨달아 가고 있는 병의 정의입니다.

중독이 일어나는 원인에 대한 의견은 분분합니다. 도덕적 문제나 영적인 문제로 보는 분들이 있는가 하면 순수한 심리학적 문제나 생물학적 문제로 보는 분도 있습니다. 이로 인해 중독을 둘러싼 모순과 역설이 많습니다. 저는 개인적으로 모두 다 일리가 있고 나름대로 장점이 있어 존중하고 치료에 적용하고 있습니다. 이 장에서는 이해 가능하고 활용할 수 있는 'ILL', 즉 '질병은 사랑의 결여'라는 전제 아래 중독의 원인과 다양한 이론들을 살펴보며 궁극적으로 치유와 회복의 길을 모색해 보고자 합니다.

1

자기대상

　의존성의 상대격인 자율성은 영유아기[1]의 아이들이 부모와 직접 맺는 신체·심리적 관계에 절대적으로 기초합니다.[2] 만일 이 시기에 아이들이 부모의 '조건 없는 사랑'으로 돌봄을 받게 된다면 건강한 형태의 자율적 아이로 성장하게 됩니다. 여기서 '조건 없는 사랑'이란 두 가지 측면을 담고 있습니다.

　하나는 의사소통입니다. 영유아는 아직 언어의 세계가 열리지 않아 마음의 상태를 몸과 감정으로밖에 표현할 길이 없습니다. 건강한 부모는 감정이입(공감)을 통해 영유아의 마음속에 들어가 느껴 보고 그 욕구에 즉각적으로 일관성 있게 반응합니다. 이럴 때 영유아는 만족감과 '조건 없는 사랑'을 느끼며 부모(타인과 세상)에 대한 안전감과 신뢰감을 갖게 됩니다. 그렇지 못한 경우 반대로 단절과 좌절감을 경

1.　0세부터 3세에 이르기까지의 시기를 말한다.
2.　이에 대한 자세한 사항은 발달심리학자이자 정신분석가인 에릭 에릭슨의 심리사회적 발달 단계를 참조하라.

험하게 되고 이로 인해 불안과 불신감을 갖게 되겠죠.

중독자가 나오는 가정을 보면 부모가 스스로를 억압하는 경향이 강해 자신의 감정과 정상적 욕구로부터 차단되어 있습니다. 그런 부모들이 어떻게 영유아들의 표정을 읽고 공감하며 그들의 필요에 즉각적이고 일관성 있게 반응할 수 있겠습니까? 이로 인해 영유아들은 정서적 결핍으로 인한 손상을 입게 되고 그것을 채우거나 달래기 위해 무엇에 의존하는 '의존적 사랑' 즉 '조건적 사랑'을 학습하게 됩니다. 이것이 중독적 성격의 시작이라 할 수 있죠.

두 번째는 현대 사회와 가정입니다. 앞에서 이미 언급한 무한경쟁의 자유 자본주의 사회는 배금주의拜金主義와 물신숭배物神崇拜의 성격을 띠고 있습니다. 모든 것의 가치를 수량화數量化하고 수량으로 평가하는 사회 말입니다. 이런 사회 구조에서 사람들은 수량화된 외적인 것에 의존해서 자신의 가치와 정체성을 추구하게 됩니다. 그리고 타인들의 가치는 물론 관계성도 그런 외적인 것에 의존하게 됩니다. 서로가 사물화되는 것이죠. 사랑도 목적화됩니다. G. K. 체스터턴Gilbert Keith Chesterton은 "자신이 사랑하는 장소를 폐허로 만들기에 가장 알맞은 사람은 그곳을 사랑하는 어떤 이유가 정확한 사람이다. 반면 그곳을 개선시킬 사람은 어떤 이유도 없이 그곳을 사랑하는 사람이다"라고 말했습니다.[3] 현대인들의 모습이 잘 묘사되어 있습니다. 이런 조건적 사랑은 중독 사회를 만들어 냅니다. 당연히 이 사회 구성원들은 서로로부터는 물론 자신의 내면세계와도 단절되어 고립된

---

3. G. K. 체스터턴, 《오소독시》, p. 121.

섬으로서의 외로움과 공허감에 시달리게 됩니다. 이는 인간으로서 가장 큰 고통입니다. 이것이 중독에 탐닉하는 사람들의 마음입니다.

〈욕망이란 이름의 전차〉는 1947년 미국의 유명 극작가 테네시 윌리엄스가 쓴 희곡입니다. 자유 자본주의로 무너져 가는 미국 남부 농장의 지주인 블랑슈의 불행을 그린 작품입니다. 이 작품의 마지막 장면에서 블랑슈는 정신병원에 끌려가며 의사에게 "당신이 누군지 모르겠지만, 저는 항상 낯선 사람들의 친절에 의지하며 살아왔어요."[4]라는 말을 남깁니다. 타인의 친절에 의지한다는 것은 타인에게 필요한 것을 내어 주고 그 대가로 얻은 친절로 살아간다는 것을 뜻하죠. 의존적일 수밖에 없는 현대인의 모습을 보여 주는 명대사라고 생각합니다.

문제는 중독 사회 속에 취해 있는 가정입니다. 그 사회에 조율된 채 G. K. 체스터턴의 말처럼 자신이 사랑하는 장소와 아이들을 폐허로 만들 수 있습니다. 만일 부모가 깨어 있지sobering 않으면 중독 사회에 공조하며 자녀들을 중독 사회의 일원이 되게 할 수 있습니다. 사회적 욕망이나 상처가 큰 부모들은 자녀들을 중독 사회의 승자가 되게 하려고 끊임없이 조종하고 통제하려 들 것입니다. 이런 부모 밑에서 자녀들이 공감을 기반으로 한 '조건 없는 사랑'을 경험하며 자율성을 세워 가는 것은 불가능할 것입니다. 이로 인해 아이들은 더욱더 외적인 것에 의존해서 자신의 존재감을 확인하고 자신의 내면세계를 달래는 의존적 성향, 즉 중독 성향을 갖게 되는 것입니다. 여기서

---

4. Whoever you are, I have always depended on the kindness of strangers.

이해를 돕기 위해 '자기대상'이라는 용어를 살펴보기로 하겠습니다.

'자기대상'selfobject이란 자기심리학의 창시자인 하인즈 코헛Heinz Kohut 박사가 만들어 낸 신조어로 '자기'自己, self와 더불어 자기심리학Self Psychology의 핵심 개념입니다. 수많은 다양한 '자기'들이 존재하죠. '자기'라는 단어를 여러 번 반복해 보세요. 새삼스럽고 신비롭게 느껴지지 않나요? 자의식을 갖게 하는 '자기'는 도대체 언제 어떻게 생긴 걸까요? 가곡과 가요로 대중에게 친숙해진 김소월의 〈부모〉라는 시가 있습니다.

> 낙엽이 우수수 떨어질 때,/ 겨울의 기나긴 밤,/ 어머님하고 둘이 앉아/ 옛이야기 들어라// 나는 어쩌면 생겨 나와/ 이 이야기 듣는가?

원초적인 시공간 안에 두 모자는 마주 앉아 있습니다. 아이는 엄마가 들려주는 옛이야기를 듣다가 문득 스스로에게 뜬금없는 질문을 합니다. "나는 어쩌다 생겨 나와 이 이야기 듣는가?" 존재론적 자의식에 눈을 뜬 것입니다. '스스로 자'(自)에 '몸 기'(己, '자기 기'라고도 함)로 된 '자기'란 어디서 온 것일까? 어떻게 생겨난 것일까? 소월 어린이는 "묻지도 말아라, 내일 날에/ 내가 부모 되어서 알아보랴?"라고 끝을 맺습니다. 지금은 알 수 없으니 어른이 돼서 생각해 보겠다고 말합니다.

이에 대해 자기심리학에서 '자기'는 태어나서 자기대상과 관계를 맺으며 마음의 중심 구성물로 자리하게 된다고 말합니다. 쉽게 말하면, 영유아는 주 양육자인 엄마와의 관계를 통해 마음속에 자기라는 자기의식이 태어나게 된다는 것이죠. 가수 '아이유'가 영어로 'IYou' 인 것 아시죠? '나는 곧 그대고, 그대는 곧 나'라는 일심동체의 뜻을 전하기 위해 띄어쓰기도 않고(I√you) 하이픈(I_You)도 넣지 않고 '아이유'(IYou)라는 신조어를 만들었다고 합니다. 천재적인 발상인 것 같아요. 유아에게 엄마가 이런 '아이유'입니다. 팬 앞에 서 있는 아이유를 상상해 보세요. 그리고 그 반대로 팬이 없이 홀로 서 있는 가수를 상상해 보세요. 그런 관계에서 영유아의 '자기'가 탄생한다는 것입니다.

　자기심리학에선 이런 '아이유팬' 같은 상대를 자기대상自己對象(심리학에서는 상대를 대상이라 일컬음)이라 합니다. 원어는 '셀프오브젝트'selfobject인데 '자기대상'은 나를 거울같이 반사시켜 심리 세계 중심에 나의 '자기'를 구성하게 하는 사람(들)을 통칭하는 용어입니다.[5]

　만일 우리가 누군가를 떠올릴 때 안심이 되고 의욕이 생겨 우리 자신을 추스르고 다시 도전할 용기를 갖게 된다면, 코헛은 당신에게 그분을 자기대상이라 부르라 할 것입니다. 평화주의자이자 영성가요 시인이셨던 함석헌 선생님의 〈그 사람을 가졌는가〉를 읊어 드렸다면 "그래, 바로 그 사람이 자기대상이야!"라고 할 것입니다.

　온 세상 다 나를 버려/ 마음이 외로울 때에도/ '저 맘이야' 하고 믿

5.　'자기대상'은 '셀프오브젝트'의 번역어로 '나'라는 셀프(self)와 '상대'를 뜻하는 오브젝트 (object)의 합성어이다. 이 단어를 보면 '자기 대상'으로 띄어 쓰거나 '자기-대상'처럼 연결선을 긋지도 않았고, 자기와 대상이 하나의 단어로 붙어 있다. 자기이면서도 대상이며 대상이면서도 자기가 바로 자기대상이다.

어지는/ 그 사람을 그대는 가졌는가// 탔던 배 꺼지는 시간/ 구명
대 서로 사양하며/ '너만은 제발 살아다오' 할/ 그 사람을 그대는
가졌는가// 불의의 사형장에서/ '다 죽여도 너희 세상 빛을 위해/
저만은 살려두거라' 일러줄/ 그 사람을 그대는 가졌는가.

저도 그런 분이 있습니다. 교회를 개척해 힘들고 어려울 때 "다른
사람은 몰라도 나는 노 목사를 믿어. 잘할 거야!" 하신 존경하는 은사
님의 말씀과 그 단호한 눈길을 떠올리면 온 세상을 얻은 것 같은 힘
이 생겨 다시 일어설 수 있었습니다. 코헛은 빙그레 웃으며 '그 은사
가 자네 자기대상이군'이라 하겠죠.

이와 같이 자기대상은 자기 구조構造에 큰 영향을 미치는 대상을
말합니다. 코헛은 우리는 평생에 걸쳐 이런 자기대상을 필요로 한다
고 말했습니다. 하지만 언어를 배우는 데 결정적 시기[6]가 있듯이, 자
기 구조를 형성하는 데도 결정적 시기가 있다고 합니다. 그리고 그
시기가 영유아기라고 하는데 이 시기는 모든 면에서 중요한 시기입
니다.

앞에서 자신에게 열광하는 팬 앞에 서 있는 아이유를 상상해 보
라고 말씀드렸습니다. 유아는 그런 자기에게 열광하는 엄마를 필요
로 합니다. 일거수일투족 자신의 그런 욕구를 알아차리고 민감하고

---

6. 결정적 시기 가설(critical period hypothesis)은 언어 습득에는 결정적 시기가 있다는
  언어학 및 심리학 가설이다. 결정적 시기가 지나면 제1언어(모국어, L1)를 완전하게 습
  득하기 어려우며 이러한 이유에서 제2언어(외국어, L2)도 원어민만큼 유창하게 못하게
  되는 요인의 하나로 작용하게 된다는 것이다.

일관성 있게 그리고 긍정적으로 자신에게 반응해 줄 수 있는 엄마 말이죠. 코헛은 이를 영유아의 자기애 욕구narcissistic desires라고 부릅니다. 철저하게 자기중심적이지만 유아에게는 극히 정상적이고 절대적으로 필요한 욕구죠. 유아는 다양한 방법으로 엄마의 시선을 끌며 늘 엄마의 얼굴과 눈 맞춤을 하려고 합니다. 엄마의 얼굴과 눈동자에 반사된 자신의 모습을 보는 것입니다.

가수 아이유가 자신이 사랑받는다는 것을 어떻게 알 수 있을까요? 팬들의 반응입니다. 팬들의 반응이 열광적이면 자신이 사랑받는 존재라고 생각하고, 반대로 그렇지 않은 경우는 속상해하며 낙담도 하겠죠. 그러나 포기하지 않을 것입니다. 다양한 피드백을 통해 팬들의 열광적인 시선을 확보하려고 노력할 것입니다. 영유아는 더하면 더했지 덜하지 않습니다. 영유아는 절대적으로 엄마에게 의존적이니까요.

영유아는 엄마의 말(언어)을 이해할 수 없습니다. 그러나 본능적으로 목소리에 묻혀 나오는 어조tone를 통해 엄마가 자신의 팬인지 아닌지 알 수 있습니다. 의사소통의 94퍼센트는 마음의 자세가 반영되는 비언어적 요소로 이루어진다고 하니까요. 영유아는 거울처럼 엄마의 얼굴과 눈동자 그리고 그 어조에 비치는 자신의 모습을 통해 마음의 중심에 자기에 대한 의식, 곧 자기를 구성해 나갑니다. 결국 영유아에 대한 엄마의 태도가 곧 유아의 자기가 된다고 할 수 있습니다. 태도는 전염이 되는데, 특히 영유아와 엄마 사이는 대체 불가능할 정도로 절대적이죠.

공감적 돌봄

그런데 영유아에게 필요한 자기대상은 팬과 같은 '조건적인 사랑'
이 아니라 엄마의 '조건 없는 사랑'입니다. 이 '조건 없는 사랑'을 자기
심리학에서는 공감적 사랑empathetic love[7] 또는 공감적 보살핌이라 부
릅니다. 영유아의 자기애적 욕구는 오로지 공감, 즉 영유아의 입장에
서 느껴 보고 경험해 보고 이해하며 필요에 따라 적절히 반응해 주는
공감적 돌봄으로 충족될 수 있다는 것입니다.

만일 영유아가 이런 공감적 돌봄 가운데 양육될 때 영유아는 적
어도 네 가지 중요한 발달과제를 이루게 됩니다. 첫째는 견고한 자기
구조를 형성하여 보다 자율적인 사람으로 성장하게 됩니다. 둘째는
자기조절self-regulation 능력과 회복력을 가진 사람으로 자라게 됩니
다. 그래서 도전적인 상황에 힘들고 어려울 때 자신과 공감하고 자신
을 달래며 다시 일으킬 수 있게 되죠. 셋째는 다른 사람과 공감하며
상생 관계를 갖게 됩니다. 마지막으로는 자기 긍정과 타인 긍정 틀을
갖게 되어 긍정적인 세계관을 가지고 서로 적절하게 기대어 살 수 있
는 관계적 인간[8]이 되게 합니다. 이제 어떻게 그렇게 될 수 있는지 좀

---

7. 정확히 말하면 공감적 침잠(empathic immersion)과 대리적 성찰(vicarious intro-
    spection)이라고 한다.
8. 인간(人間)의 '인'(人) 자는 두 다리로 걷는 인간의 모습을 그린 것이라고도 하지만 두 사
    람이 서로 기대어 있는 모습을 그린 것이라는 학설도 있다. 개인적으로 후자를 지지하
    는 이유는 '간'(間)이 '사이 간' 자이기 때문이다. 인간이 된다는 것은 서로가 서로에게
    '그대'가 되어 아끼고 존중하며 함께 상생하는 관계적 존재가 되는 것이라고 생각한다.
    그런 관계가 아닌 것은 상대를 사물화시키는 중독성 관계로 생각한다.

더 구체적으로 살펴보죠.

전적으로 의존해야 하는 영유아에게 엄마라는 존재는 전지전능한 위대한 자기대상입니다. 영유아는 자신에게 일어나는 생리적 욕구와 그로 인한 불편감과 고통을 해결하는 데 어려움을 느낍니다. 그럴 때마다 공감적 엄마는 공감을 통해 민감하고 일관성 있게 반응하며 그 욕구와 불편을 해소해 줍니다. 이런 과정에서 유아는 서서히 엄마의 달래 주는soothing 공감 능력을 내재화하여 후에 스스로를 달랠 수 있는 자기조절기능으로 활용하게 됩니다.

이것이 성숙하게 될 때 스트레스 상황에서도 자기를 추스르고 비교적 빨리 평온함을 회복할 수 있게 되는데, 이를 회복력 또는 회복탄력성[9]이라고 합니다. 이를 통해 엄마로부터 오는 좌절에 대해 스스로 달래 가며 현실감 속에 보다 독립적이고 자율적인 아이로 성장하게 되는 겁니다. 영유아와 엄마와의 공감적 관계가 유지된다면 적절한 좌절은 자율성으로 이어지게 됩니다. 코헛은 이런 좌절을 '최적좌절'optimal frustration이라고 부릅니다.

공감적 엄마는 공감 능력을 통해 자연스럽게 그 수위를 조절할 수 있습니다. 소아과의사이자 정신과의사인 위니콧D. Winnicott은 이런 엄마를 "충분히 좋은 엄마"good enough mother라 부릅니다. 좋은 엄마는 모든 것을 해결해 주고 보호해 줄 것 같은 이상적 엄마가 아닙니

---

9. 회복 탄력성(resilience)은 삶의 역경에 쓰러진 사람이 적어도 이전처럼 더 강하게 돌아오게 하는 심리적 특성이다. 회복력이 강한 사람들은 삶의 어려움이나 트라우마 또는 실패 등에 압도되고 정신적 에너지를 소진시키기보다 진로를 바꾸고, 정서적으로 치유하며, 목표를 향해 계속 나아가는 방법을 찾아내는 사람들이다.

다. 이런 엄마는 오히려 아이를 더 의존적이고 비현실적으로 만들어 사회 적응의 어려움을 주고 중독에 빠지게 할 수 있습니다.

그러나 그 반대도 마찬가지입니다. 나이에 맞지 않는 지나친 좌절은 엄마를 신뢰할 수 없어 결국 빨리 독립하게 만들고 사람 관계가 불편하기에 물질이나 행위에 의존해 자신을 일으켜 세우고 달래게 됩니다. 이것이 중독으로 가는 길입니다.

영유아의 자기를 초보적 자기$^{\text{rudimentary self}}$라 부르는데 자기에 대해 아직 통합되지 않은 파편적 자기$^{\text{fragmented self}}$입니다. 유아에게는 모든 게 따로따로죠. 몸과 마음, 다양한 욕구와 감정, 다양한 인상과 경험, 내적인 세계와 외적인 세계 모두 따로따로입니다. 그런데 놀랍게도 엄마의 공감적 돌봄을 통해 영유아의 그런 자기는 서서히 연결되고 통합이 되며 보다 일체감이 있는 응집된 자기$^{\text{cohesive self}}$로 발달하게 된다는 것입니다. 성경적 비유를 든다면 모래 위에 세워진 집과 같은 무너지기 쉬운 파편적 자아에서 바위 위에 세워진 집과 같은 견고하고 단단한 응집된 자기가 된다는 것입니다. 실제로 발달과제는 초보적 자기 상태인 파편적 자기에서 응집된 자기가 되는 과정이라 할 수 있습니다.

영유아나 아이들에게는 깜짝깜짝 놀랄 일들이 많이 일어납니다. 그런 상황에서 엄마 뒤에 숨어 있는 아이를 상상해 보세요. 엄마가 떡 버티고 서서 차분하게 상황에 대처한 후 자신을 바라보며 "놀랐지? 엄마도 놀랐어" 공감해 주며 따뜻한 미소를 짓습니다. 아이는 그 순간을 어떻게 경험하게 될까요? 경이로움과 든든함일 것입니다. 그리고 그 든든한 백에서 힘과 용기를 경험하게 될 것입니다. 코헛은 엄마의 그런 영웅적인 위대함과 든든함이 내재화되면 유아의 초보적이며 연약한 자기fragile self는 더욱더 응집cohesive되어 자율적이고 단단한 자기 구조를 형성하게 된다고 합니다.

일반적으로 양육자의 모습이 내재화되는 것을 모방이라 부릅니다. 그런데 코헛은 '변형적 내재화'transmutating internalization라는 특이한 용어를 씁니다. 여기 '변형적'이라는 말의 의미는 음식물을 먹을 때 이것이 소화되어 처음과는 완전히 다른 변형된 자양분이 되어 에너지와 우리 몸을 구성하는 뼈와 살이 되는 것을 뜻합니다. 이와 같이 유아는 엄마가 공급해 주는 공감적 돌봄(엄마)을 먹고 이를 자양분으로 하여 일체감 있는 응집된 자기를 구축한다는 것입니다. 유아는 엄마를 먹고 소화시켜 결국 엄마와 같은 사람이 된다고 할 수 있죠. 참 무서운 이야기입니다. 저는 이 교육적 효과 때문에 모방보다 '변형적 내재화'라는 용어를 선호합니다.

물론 엄마에게 모든 책임을 돌리는 것은 아닙니다. 엄마도 유아에게 필요한 공감적 돌봄을 주려면 정신적, 물리적인 여유와 남편과 가족의 지속적인 공감적 돌봄이 필요합니다. 그런 점에서 당연히 건강한 유아 양육은 가족공동체 책임입니다. 그럼에도 불구하고 엄마가 유아와 대부분의 시간을 보낸다는 것도 현실입니다. 또한 성경은 "내 형제들아 너희는 선생된 우리가 더 큰 심판을 받을 줄 알고 선생이 많이 되지 말라"(약 3:1) 말씀합니다. 그런 점에서 엄마는 유아에 대한 관심만큼 자기 성장과 돌봄에 관심을 가져야 한다고 생각합니다.

공감적 돌봄 가운데 성장한 아이는 어떤 모습이 될까요? 유아의 정상적인 자기도취적인 자기애가 성숙한 자기애로 건강하게 성장하는 것을 볼 수 있을 것입니다. 우리는 모두 자의식을 가지고 자기를 위해 살아갑니다. 아무리 자기를 부인해도 자기와 자기애가 없는 사람은 없습니다. 공감적 돌봄 가운데 성장한 아이는 자율적이고 공감, 유머, 창의성을 갖춘 상생적相生的 자기애를 갖게 될 것입니다. 그리고 비가 내리고 창수가 나고 바람이 불어 집에 부딪치되 무너지지 않는 회복력과 어떤 유혹도 이길 수 있는 힘을 갖게 됩니다. 함석헌 선생님의 마지막 시구처럼 말이죠.

> 온 세상의 찬성보다도/ '아니' 하고 가만히 머리 흔들 그 한 얼굴 생각에/ 알뜰한 유혹을 물리치게 되는/ 그 사람을 그대는 가졌는가

자기 결손, 중독으로

안타깝게도 공감적 자양분을 먹지 못하면 자기애 결손이 생기게 됩니다. 자기 결손self deficit은 근본적으로 뭔가 자신이 잘못되었다는 것과, 지울 수 없는 흠이 있다는 것, 그리고 수치스러운 존재라는 수치 정체성이 자리하게 합니다. 수치는 인간이 경험할 수 있는 가장 고통스러운 감정 중에 하나입니다. 따라서 여기에서 벗어나거나 부정하려 하는 것은 당연합니다. 이에 대해 홍이화 박사는 이렇게 말합니다.

… 중독에 있어서 중독자가 메우려 하는 것은 바로 자기 안에 생긴 구조적 결핍이다. 이러한 자기 구조의 결핍은 그 중독의 대상, 가령 알코올, 마약, 음식 같은 것의 충족으로 메워지지 않으며 또한 어떤 다른 종류의 중독적 행동으로도 메워지지 않는다. 따라서 중독자는 자신의 중독적 행동을 통해서 결핍된 자기 구조… 자기의 결여된 자존감, 자기의 존재에 대한 불확실성, 부서질 것 같은 자기에 대한 두려운 느낌에 대항하고 있는 것이다.[10]

앞에서 언급한 인정 중독, 범생 또는 착한 사람 중독, 성취나 성공 중독, 자기 의 중독 등도 바로 이런 자기 결손을 메우고자 하는 시도입니다. 이런 사람들은 모두 자존심이 매우 강한데, 이는 수치 정체성에서 오는 열등감에 대한 자기 방어적 행동입니다. 이로 인해 자기 과시적이거나 허영적이 되는데 사람들은 이를 교만한 것으로 받아들입니다.

영어에 프라이드pride는 자존심과 교만 두 가지로 다 번역될 수 있는데 근본적으로 같은 뜻입니다. 자기 결핍 구조를 가진 사람들은 자신에 대한 열등감과 방어적 우월감을 동시에 느끼며 이 둘 사이를 오갑니다. 이로 인해 평생 정체성 혼돈을 경험하고, 대인관계에 있어서 친밀감보다는 긴장감과 불편을 더 느끼게 됩니다. 따라서 사람들과 거리를 두고 관계 속에서 스트레스를 풀기보다는 중독 물질이나 행위에 의존하게 됩니다.

---

10. 홍이화, 《하인즈 코헛의 자기심리학 이야기 I》, p.164.

두 번째는 자기 결핍으로 인해 성인이 돼도 유아의 초보적 자기[11]에 머물러 미성숙한 자기도취적 자기애를 갖습니다. 유아에게 타인은 없죠. 오직 자신과 자신의 필요와 입장만이 전부인데, 공감적 돌봄을 통해 그 기능을 갖추기 전에 이런 현상은 유아에게 극히 정상입니다. 그러나 성인의 경우는 미성숙에서 오는 비정상적인 자기애로 인해, 그 중심에 과대 자기grandiose self가 자리하게 됩니다. 자기도취와 자기중심성이 성격의 뿌리가 되는 것이죠.

이런 사람들은 자기도취에 빠져 자신을 실제보다 대단한 사람으로 과대평가하며 상대적으로 다른 사람들을 과소평가하는 경향이 강합니다. 끊임없이 칭찬과 찬양을 기대하고 요구하며 시기와 질투가 많고 다른 사람들을 무시하고 경멸하기도 합니다. 자신들의 목적을 위해 사람들을 이용하고 착취하고 그들에 대한 배려심이 없죠. 또한 자존심이 세어 거절이나 충고에도 심한 분노와 적대감을 느끼며, 때로는 화를 참지 못해 격노하고 자존심을 상하게 하는 폭언도 일삼습니다. 앞에서 언급한 에고에 중독된 '에고 마피아'가 되는 것입니다. 이처럼 주위에서 흔히 접할 수 있는 자기애적 성격이 중독의 주요 뿌리라고 봅니다.[12]

셋째는 공감적 돌봄의 부재로 인한 내면의 혼돈, 공허와 어둠입

---

11. 자기심리학에서는 'rudimentary self'라고 부르는데 여기서 'rudimentary'는 '① 근본의, 기본의;초보(초등)의, ② 겨우 시작인, 새싹의; 미발달한, 미숙한, 그리고 ③ 원시적인'으로 번역될 수 있다. 이것이 공감 부재로 미달할 때 '고태적 자기'(archaic self)라고 부른다.

12. Kohut H, Wolf ES. The disorders of the self and their treatment: an outline. Int J Psychoanal 1978;59:413-425.

니다. 이는 마치 하나님이 천지를 창조하시기 전 땅의 상태와 유사합니다.[13] 겉모습과 다르게 내면에 낮은 자존감, 막연한 우울감, 그리고 자율성 결여로 인한 두려움으로 가득합니다. 이것을 억압하기 위해 외적인 무엇에 의존해서 자신을 일으켜 세우고 달래려 애씁니다. 또한 '연약한 자기'로 인해 스트레스에 쉽게 깨질 때도 마찬가지입니다.

마지막은 인간관계에 대한 부정적 인식과 감정의 틀입니다. 유아는 엄마와의 관계를 통해 엄마는 물론 자신에 대해 긍정적인 인식(사랑, 환대)이나 부정적 인식(부정이나 거절 또는 무관심)을 갖게 되고 이것을 후에 사람들과의 인식의 틀로 사용하게 됩니다. 이로 인해 네 가지의 관계인식 틀인 자기 긍정과 타인 긍정, 자기 부정과 타인 긍정, 자기 긍정과 타인 부정, 자기 부정과 타인 부정이 형성됩니다. 첫 번째 틀을 제외하고는 모두 관계 회피형으로 물질이나 행위에 의존해 자기 구조를 만들고 스트레스를 달래려 하는 중독형이라 할 수 있습니다.

중독은 공감적 돌봄을 받지 못해 생긴 허약한 자기 구조를 유지하기 위한 처절한 몸부림이라 할 수 있습니다. 그 파괴성에 공분할 수 있지만 동시에 공감적 양육을 제대로 받지 못한 사람들의 고통스러운 아우성이요, 슬픈 이야기이기도 합니다.

---

13. 창 1:2, "땅이 혼돈하고 공허하며 흑암이 깊음 위에 있고 하나님의 영은 수면 위에 운행하시니라"

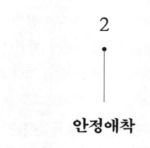

안정애착

애착이론愛着理論, attachment theory은 영유아가 엄마와 갖는 특별한 관계인 애착 관계가 인간관계의 틀이 되어 평생 영향을 미친다는 이론입니다. 자기심리학과 유사하나 가장 공신력 있고 널리 보급된 것으로, 상보적인 이점이 있어 전체를 이해하는 데 유익하리라 생각합니다.

두 이론은 출발점이 정반대입니다. 자기심리학은 자기 구조에 문제가 있는 성인들을 연구하면서 세워진 이론이라면 애착이론은 애초부터 열악한 환경 가운데 성장한 아이들을 대상으로 확립된 이론입니다. 제2차 세계 대전 직후 그 후폭풍으로 돌봄을 받지 못한 부랑아와 고아들이 많이 생기며 사회적으로 큰 문제가 되었는데, 이에 UN에서 심리분석가이자 심리치료사인 존 보울비John Bowlby에게 이 문제에 관한 문서를 작성하도록 했습니다. 이 연구를 바탕으로 보울비는 애착이론의 토대를 세우게 되었습니다.

친밀한 관계

애착은 영유아가 자신을 돌봐 주고 안정감을 주는 양육자(엄마)
와 생후 6개월에서 24개월 사이에 갖게 되는 단단한 결속감을 뜻합
니다. 둘 사이에 맺어지는 특별한 사랑으로, 강렬한 정서적 유대감[14]
또는 친밀감이기도 하죠. 이 용어는 사도 바울의 말씀을 떠오르게 합
니다.

> 높음이나 깊음이나 다른 어떤 피조물이라도 우리를 우리 주 그리
> 스도 예수 안에 있는 하나님의 사랑에서 끊을 수 없으리라_롬 8:39

이 강한 유대감에서 유아는 편안함comfort, 안전감safety, 든든한
보호막security 그리고 충족과 행복감을 느끼며 성장해 나갑니다. 뿐
만 아니라 사도 바울이 이 끊을 수 없는 사랑 안에서 "이 모든 일에…
우리가 넉넉히 이기느니라"(롬 8:37)라고 하신 것처럼 유아는 이 애착
안에서 앞으로 부딪치게 될 수많은 장애물들을 극복해 가며 한 인간
으로서 성숙한 인간이 되는 자신의 여정을 완주하게 됩니다.

인간은 사회적 존재로 선천적으로 친밀한 교제를 추구하도록 동
기화되어 있습니다. 그래서 실제 삶에 있어서 대인관계가 차지하는
비중은 매우 큽니다. 인간의 행복과 불행, 만족과 불만족을 결정하

---

14. 끈과 띠라는 뜻으로, 둘 이상을 연결하거나 결합하게 하는 것, 또는 그런 관계를 의미
한다.

는 핵심적 요소가 되어 삶의 질을 좌우한다고도 말할 수 있죠. 그런 점에서 전 인생에 걸쳐 가장 중요한 발달과제 중 하나는 친밀한 대인 관계를 형성하는 능력입니다. 인생의 전 과정을 발달이론으로 정리한 에릭 에릭슨이나 성장의 최종단계를 자아실현으로 본 에이브러햄 매슬로Abraham Maslow도 친밀한 관계의 형성 능력을 성숙한 사람들이 갖는 공통적인 특징으로 제시하고 있습니다.

이 모든 것의 첫 단계가 바로 주 양육자인 엄마와의 애착 관계에서 시작됩니다. 엄마의 돌봄과 보호에 전적으로 의존해야만 하는 영유아에게 안정된 애착은 그 자체가 생명입니다. 그리고 유아의 첫 번째 대인관계이기에 애착의 질은 미래에 경험할 관계의 질에 치명적인 것이라 할 수 있습니다. 그 애착의 질이 이웃, 연인, 부부, 그리고 미래의 자녀와 밀접한 관계에 있다는 것은 광범위한 연구를 통해 입증되고 있습니다.

엄마들이 종종 아기 낯가림 때문에 힘들어하는 이야기를 들어 본 적이 있을 것입니다. 이는 엄마와 애착이 형성되는 과정에서 일어나는 자연스러운 현상입니다. 정상적 가정에서 자라는 아기는 6개월을 전후로 주 양육자, 즉 엄마에게 애착을 형성하기 시작해서 12개월 정도에 확고하게 애착을 갖게 됩니다. 드물게는 엄마 이외의 대상, 아빠나 가족 중 한 사람과 애착을 형성하기도 하죠. 이때 친숙한 엄마와 낯선 사람을 구별하고 낯선 상황에서 엄마가 자리를 떠나면 불안해 어쩔 줄(실상은 거의 공포 수준) 모릅니다. 그래서 아기는 애착 대상인 엄마를 옆에 붙잡아 두려고 최선을 다하죠. 이것이 애착 행동 시스템의 목표입니다.

이 시기에 시각과 운동신경이 기하급수적으로 발달합니다. 유아는 11개월이 지나면 성인 수준의 시각 능력을 갖게 됩니다. 마음은 호기심으로 가득차게 되죠. 뿐만 아니라 동시에 기어다니거나 걸어다닐 수도 있게 되니 세상은 말 그대로 탐험의 무대가 되는 것입니다. 그렇다고 모험을 쉽게 할 수 있는 것은 아닙니다. 그들에게는 하나하나가 에베레스트 정상 정복이나 남극 탐험과 같습니다. 그래서 늘 자신을 지켜보고 지지해 주며 위급할 때 언제든지 달려와 구해 줄 수 있는 대상, 그리고 탐험 후 언제든지 되돌아가 그 모험담을 함께 나누며 재충전할 수 있는 안전기지가 확보될 때, 용기 내어 모험을 시도하게 됩니다.

6개월에서 2년 사이에 완성되는 안정애착은 바로 유아에게 이런 안전기지를 중심으로 형성됩니다. 이 시기에 안정애착 관계를 형성한 영유아는 이를 토대로 주변을 탐험하며 자신의 영역을 확장해 나갑니다. 동시에 사람들에 대한 신뢰감과 친밀감을 경험하며 자신감과 자율성을 쌓아 가게 됩니다.

애착이론가들은 안정된 애착아의 엄마들은 아이에게 민감하고 일관성을 가지고 긍정적인 양육을 한다는 사실을 관찰합니다. 여기서 민감성이란 엄마가 아이의 작은 변화에도 즉각적으로 반응할 수 있는 능력을 의미합니다. 아이는 놀이의 영역을 넓혀 가며 동시에 불안도 느끼죠. 이런 상황에서 엄마는 민감하게 반응하되 적당한 거리를 유지하며 엄마가 곁에서 자신을 보호해 줄 것이라는 믿음을 갖도록 합니다. 일관성이란 엄마의 한결같은 반응을 뜻합니다. 아이는 놀이 과정에서 성공감이나 실패감을 경험할 수 있는데, 이럴 때 엄마가 아이를 있는 그대로 받아 주고 그 감정을 헤아려 공감해 주며 일관성 있게 반응해 주는 것을 말합니다. 이로 인해 아이는 좌절되고 슬픈 상황에서도 금세 회복할 수 있게 됩니다.

미 UCLA 의과대학 교수인 대니얼 시겔Daniel Siegel 박사는 안전한 애착을 ABC 모델로 설명합니다. 여기서 ABC는 조율attunement, 균형balance, 일관성coherence을 뜻합니다. 조율은 핵심 단어인데 엄마가 라디오 주파수를 맞추듯 아이와 동조하는 것을 뜻합니다. 부부관계를 비유로 든다면 아내가 둥둥 떠 있는 보름달을 보며 "여보, 저 달을 봐요. 계수나무도 토끼도 보이네. 참 신기하다"라고 할 때 남편이 "정말, 그렇네. 참 신기하다"라고 반응한다면 조율된 것이죠. 반대로 팩트fact 체크를 하면 어떻게 될까요?

엄마의 주된 반응이 아이에게 조율되어질 때, 아이는 엄마에게 연결되고 있다는 것과 이해받고 있다는 것을 느끼게 됩니다. 이렇게 조율된 소통attuned communication은 아이로 하여금 조율된 연결attuned connection을 경험하게 합니다. 이는 후에 내적 균형감internal sense of balance과 자신의 마음, 감정, 그리고 신체적인 상태를 조절할 수 있는 자기조절self regulation능력을 개발할 수 있도록 도와줍니다. 결국 이 아이는 자기를 조절하며 의도하는 목표를 효과적으로 이루게 될 기회를 더 많이 갖게 됩니다. 또한 조율된 연결 경험과 그로 인한 내적 균형감을 통해 아이는 마음 안에서 일체감a sense of coherence을 갖게 됩니다. 자기심리학 용어로 말하면 '응집된 자기'를 갖게 되는 것이죠. 뿐만 아니라 이웃과 조율된 소통과 연결감을 통해 친밀한 관계를 형성하고 그를 즐길 수 있다고 하니 이보다 더 큰 자원과 축복이 있을까요?

　개인적으로 자기심리학과 애착이론은 매우 유사하다고 생각합니다. 차이라면 포커스에 있지 않나 합니다. 전자는 공감, 공감 소통, 공감 연결, 응집된 자기 등 총체적인 '공감적 돌봄과 자기애', 후자는 조율, 조율 소통, 조율 연결, 일체감 등 '조율되어진 돌봄과 친밀감'에 차이가 있습니다. 그러나 두 이론 다 결국 건강한 자기애와 자율성, 자기조절과 공감 능력, 친밀감과 사회성 등을 귀착점으로 하고 있다는 점에서 유사합니다.

　애착이론가들은 영유아와의 조율된 소통과 연결로 민감하고 일관성 있게 긍정적으로 양육한다면 아이는 안전한 애착secure attach-ment을 갖게 된다고 말합니다. 영유아기의 아이들에게 주 양육자인 엄마는 곧 세상입니다. 결국 엄마와 형성된 안전감과 친밀감은 세상을 바라보고 관계하는 틀[15]이 됩니다. 이런 마음을 가지고 세상과 관계하며 살아갈 한 인생을 상상만 해봐도 가슴이 설레죠. 그 설렘이 안전한 애착 가운데 성장한 사람들이 갖는 관계와 세상에 대한 태도입니다. 엄청난 자원이고 축복입니다. 공감과 조율이 이런 기적을 만들어 냅니다!

---

15. 애착 심리학에서는 이를 내적 작동 모델(inner working model)이라고 한다. 세상을 보고 관계하는 심리적 작업 틀을 말한다. 우리는 실재(reality)가 무엇인지 알 수 없다. 단순히 심리적 작업틀로 보여진 하나의 모델을 보고 있는 것뿐이다.

3

친밀감의 결핍과 중독

그런데 그 기적을 맛보지 못한다면 어떻게 될까요?

보울비는 아이가 불안전한 애착insecure attachment을 갖게 된다고 합니다. 그리고 불안전한 애착의 종류로 회피형, 집착형, 혼돈형 세 가지를 소개합니다. 공통점은 '불안전'이라는 말처럼 관계에 대한 '불안'입니다. 회피형은 양육자의 민감성의 부재(무관심과 방치)로 관계가 불안하기 때문에 친밀한 관계를 회피하는 것이고, 집착형은 양육자의 일관성 부재(돌봄과 방치 또는 공격의 모순된 반응)로 불안하기 때문에 오히려 관계에 더 집착하는 것이고, 혼돈형은 양육자에 대한 두려움으로 불안해서 어떻게 해야 할지 모르는 혼돈 상태에 있는 것입니다. 모두 다 관계에 대한 불편과 불안 그리고 친밀감에 대한 갈등을 갖고 살게 되죠.

그들보다 앞서 대인관계의 중요성과 기능에 대해서 강조한 정신과 의사 허버트 설리반Herbert Sullivan은 이미 성격과 행동을 대인관계적인 것으로 파악했습니다. 그는 대인관계를 인간행동의 핵심적인 동기로 보고, 다른 사람과의 상호작용을 통하여 자아가 형성되고 발달한다고 했습니다. 즉, 사람들은 대인관계에서 불안을 피하거나 통제하기 위해서 정교한 노력을 하게 되는데, 이것이 인간행동의 핵심적인 동기라는 것입니다. 그리고 성격이란 개인이 대인관계상의 불안을 피하거나 최소화하여 자신을 지키고 자아존중감을 유지하기 위해 취하게 되는 대인관계 전략의 집합이라고 규정합니다.[16]

이 규정이 흥미로운 것은 애착이론과 자기심리학과 흐름을 같이한다는 점입니다. 설리반의 대인관계 이론에 따르면 애착의 질質은 성격으로 발전되는데 불안전한 애착아들은 성인으로 성장하면서 대인관계를 불안해하는 성격을 갖게 됩니다. 대인관계의 불안과 갈등은 심리적 고통의 주된 원인입니다. 하나님이 가인을 심판하시며 "땅에서 피하며 유리하는 자가 되리라"고 말씀하셨죠. 여기 "유리하는 자"란 평안한 잠을 잘 수 없는 떠돌이 또는 방랑자restless wanderer를 뜻합니다. 이에 대해 가인은 "내 죄짐을 지기가 너무 무거우니이다"라고 하며 그 이유를 사람에 대한 두려움이라고 말합니다. "내가 땅에서 피하며 유리하는 자가 될지라 무릇 나를 만나는 자마다 나를 죽이겠나이다"(창 4:12-14 참조).

인지심리학자 알덴Alden과 필립Phillips은 이런 대인관계 문제는 우울, 불안, 성격장애 등 다양한 정신병리와도 밀접한 관계가 있는 것으로 보고합니다.[17] 이런 내용들은 공감적 돌봄, 조율되어진 소통

---

16. Teyber, E. (2000). Interpersonal Process in Psychotherapy. A relational approach. (4th ed.). Pacific Grove, CA: Brooks/Cole.

과 관계 속에서 성장하지 못한 불안전한 애착아들이 중독에 얼마나 취약할 수 있는지를 보여 줍니다.

얼마 전에 요한 하리[Johann Hari]라는 작가가 TED에서 "당신이 중독에 관해서 안다고 생각하는 모든 것은 잘못되었습니다"라는 제목으로 강연한 적이 있습니다.[18] 여기서 20세기 초반에 행한 일련의 실험을 소개하겠습니다.

한쪽에는 평범한 물과 다른 한쪽에는 마약이 든 물을 설치한 우리에 쥐 한 마리를 넣습니다. 계속되는 실험에서 쥐들은 거의 대부분 마약이 든 물을 선택하고 빠른 속도로 스스로를 죽여 가더랍니다. 그런데 70년대에 알렉산더 교수는 이 연구 결과를 살펴보다가 빈 우리에 있는 쥐로서는 마약 외에는 할 수 있는 일이 없다는 것을 깨닫습니다. 알렉산더 교수는 '쥐 공원'을 만들어 주기로 하고, 충분한 양의 치즈, 색색깔의 공들과 수많은 터널들을 만들어 줍니다. 그리고 함께 놀 수 있는 많은 친구들도 넣어 줍니다. 물론 앞에서 언급한 물병 두 개도 넣어 두었죠. 그런데 여기서 대단히 흥미로운 일이 벌어집니다. '쥐 공원'에서는 쥐들이 마약이 든 물을 좋아하지 않더랍니다. 거의 먹지 않았고, 충동적으로 먹거나 남용하지도 않더랍니다. 혼자 고립되어 있을 때는 거의 100퍼센트의 남용률을 보였다가 행복하고 교류하는 삶을 살 때는 0퍼센트로 떨어진 것입니다.

17. Alden, L. E., & Phillips, N. (1990). An interpersonal analysis of social anxiety and depression. Cognitive Therapy and Research, 14, 499–513.
18. https://www.ted.com/talks/johann_hari_this_could_be_why_you_re_depressed_or_anxious?language=ko

이 실험에서 보았듯이 요한 하리는 중독은 중독 물질이나 행위 그 자체가 아니라 소외가 진짜 원인이라고 합니다. 중독의 반대말은 단지 맑은 정신sober mind이 아니라 관계, 정확히 말하면 친밀함이라는 것입니다. 이런 이유에서 네덜란드의 피터 코헨Peter Cohen 교수는 중독이라 불러서는 안 되고, 교류의 부재라 불러야 한다고 말합니다. 사람들에게는 교류하려는 본능적인 욕구가 있어 행복하고 건강할 때, 서로 결속하고 관계를 맺습니다. 하지만 정신적 충격을 받거나 고립되거나, 삶의 무게에 억눌려 교류할 수 없을 때도 무언가와 결속하고 교류해야만 하기 때문에 어떤 것을 갈구하게 되죠. 도박이 될 수도 있고, 성인물이 될 수도 있고, 코카인, 대마초가 될 수도 있습니다.[19]

시카고 지역에 있는 복음주의 신학교에서 일할 때였습니다. 졸업반 학생 중 한 명을 상담하게 됐습니다. 처음에는 우울증으로 만났는데, 상담 2개월이 지나 알고 보니 실제 고민은 심한 자위 문제였습니다. 그는 교회 대학부를 담당하고 있었는데 설교 준비를 하다가 잘 안 되면 포르노를 보게 되고 자극을 받아 자위를 하게 된다는 것이었습니다. 물론 주중에도 심하지만 주말 설교 준비 중에 자신의 그런 행동은 도저히 용납되지 않았고 이 행동을 멈추지 않으면 자신은 사역자가 될 수 없을 것이라는 좌절과 무력감에 몹시 힘든 시간을 보내고 있었습니다.

상담을 진행하면서 자위 일지 과제를 주었습니다. 만날 때마다

---

19. 앞의 웹사이트.

그 일지를 중심으로 심하거나 심하지 않은 날들을 비교하며 그날에는 무엇을 했는지 점검하는 시간을 가졌습니다. 그리고 발견한 것은 사람들과 보낸 즐거운 시간이 길면 잠도 잘 자고 자위도 줄어들었지만 여러 가지 이유로 그렇지 못한 때는 심해지는 패턴이 있다는 것이었습니다. 특히 온갖 퀴즈나 시험 또는 학기 리포트에 쫓길 때면 더 심해진다는 것을 발견했습니다. 결국 중독 현상이 사람들과의 의미 있는 교류의 부재와 관계가 있음을 깨닫게 되었죠.

이 신학원생은 부유한 가정에서 자랐지만 자신이 태어날 때 심한 산고로 엄마가 1년에 반은 병원 신세를 져야 했죠. 엄마와의 접촉은 최소로 유지되었고 생생하게 기억나는 말은 "엄마를 힘들게 하면 돌아가실 수 있어"라는 아빠의 말이었다고 합니다. 어렸을 때는 엄마 방 문 앞에 서서 들어가지도 못하고 늘 서성거렸다고 합니다. 이때부터 외로우면 자신도 모르게 성기 부위를 만지작거리다가 자주 혼도 났었다고 합니다. 자위 습관은 친밀감을 대신하는 오래된 생존 습관이 되었죠.

중독의 반대말은 단순한 관계가 아니라 친밀감입니다. 또 다른 예로 한 자매가 드라마 중독으로 정상적인 생활을 못하고 있었는데 어느 날 '내가 오늘 이 얘기를 부모님께 하지 않으면 죽을 수도 있겠다'는 생각이 들었답니다. 말 그대로 바닥치기를 경험한 것이죠. 그래서 "살려 주세요. 제발! 어떻게 이 중독에서 벗어날 수 있는지 도저히 모르겠어요"라고 부모님께 털어 놨습니다. 믿었던 딸의 고백으로 부모님은 충격에 빠지셨고 그날 가족은 한없이 울었습니다. 그런데 신기한 일이 일어났습니다. 모두에게 자신의 부끄러운 병을 공개한 뒤, 본인은 드라마에서 완벽하게 벗어났다고 합니다. 그 이유가 솔직하게 마음을 털어놓으면서 부모님의 따뜻한 사랑을 느낄 수 있었고 이후로는 부모님과 많은 이야기를 나누게 되었기 때문입니다. 그녀는 자신의 중독에 대해 이렇게 말합니다.

> 저의 중독 치료 방법은 바로 '대화'였습니다. 저는 다른 사람의 도움이 필요했습니다. 내가 가지고 있는 문제를 이길 마음의 힘이 없으면, 혼자 끙끙대며 힘을 써야 하는 것이 아닙니다. 다른 사람과 이야기를 나누고 새로운 것들을 받아들이면 마음이 밝아집니다. 여러분, 만약 무엇에 중독이 되어 있다면, 진심으로 도와 달라고 대화해 보세요. 말하기 힘든 사연이나 문제도 꺼내 놓다 보면 반드시 해결할 수 있습니다.[20]

사회적 존재인 인간이 인간에 대해 불안해하고 두려워하면 모든 것이 불안하고 두렵습니다. 그리고 인간은 불안과 두려움을 피하려 합니다. 다시 말해 느끼지 않으려고 억압(회피·마비·통제)하게 됩니다. 따라서 근본적인 관계에 대한 불안을 해결할 수 없으면 대체물에 강박적으로 의존해서 계속 채우고 달래야 하는 상황에 처하고, 결국 중독이 됩니다. 이런 과정에서 중독적 자아가 중심에 자리하게 됩니다. 따라서 두려움은 중독의 핵심 정서입니다.

요한은 "사랑 안에 두려움이 없고 온전한 사랑이 두려움을 내쫓

---

[20] http://www.dailytw.kr/news/articleView.html?idxno=15160

나니 두려움에는 형벌이 있음이라 두려워하는 자는 사랑 안에서 온전히 이루지 못하였느니라"(요일 4:18)라고 말씀하셨죠. 사랑의 반대는 두려움입니다. 〈가시나무〉라는 노래 가사는 불안과 두려움의 내면세계를 잘 보여 줍니다.

> 내 속엔 내가 너무도 많아서…/ 내 속엔 내가 어쩔 수 없는 어둠…/ 내 속엔 내가 이길 수 없는 슬픔…/ 바람만 불면 외롭고 또 괴로워/ 슬픈 노래를 부르던 날이 많았는데…

이것이 중독자의 내면세계와 같습니다. 다른 사람의 마음을 담을 수 없는 에고 중독, 정체성 혼돈, 갈등, 모래 위에 세워진 집과 같은 불안정과 예민성, 어둠(우울, 불안, 불행) 등이 그대로 묘사되어 있습니다. 결국 무엇에 의존해야만 이를 달래게 되겠죠. 가사 전체를 음미하며 그대로 느껴 보세요. 답답하고 미칠 것 같지 않은가요?

그런데 정말 심각하고 슬픈 것은 영유아기에 경험하는 두려움과 불안, 즉 발달 과정의 트라우마는 뇌와 몸에 그대로 흔적을 남긴다는 것입니다. 트라우마 분야의 세계적인 권위자인 베셀 반 데어 콜크 Bessel Van Der Kolk 박사는 "트라우마는 마음과 뇌가 인지한 정보를 다루는 방식 기제를 근본적으로 재편한다"고 말합니다.[21] 이는 뇌 구조

---

21. 베셀 반 데어 콜크, 《몸은 기억한다: 트라우마가 남긴 흔적들》, p. 53. 이 책의 원제는 《The Body Keeps the Score: Brain, Mind, and Body in the Healing of Trauma》로 정신적 충격은 단지 정신의 문제가 아니라 뇌와 신체에 변화를 일으킨다는 점을 강조한다.

의 재편을 가리키는 것으로, 정서적으로 매우 불안정하고 중독에 취약한 뇌가 되게 한다는 뜻입니다.

여기서 한 가지 꼭 기억해야 할 점은 마음과 몸(뇌)은 항상 협업을 한다는 것입니다. 마음의 상처는 뇌에 칼자국, 즉 외상外傷을 남기며, 뇌의 외상은 마음의 상처로 작용하게 된다는 것이죠. 이것은 현대 뇌 신경과학의 입장으로서 "질병은 사랑의 결핍"(ILL)이라는 말을 지지합니다. 그렇다면 기쁨과 친밀감의 근원이 되는 온전한 사랑과 그 부재로 인한 두려움과 불안은 가장 왕성하게 발달하는 이 시기의 뇌에 어떠한 영향을 미칠까요? 결론은 결정적입니다.

잘생긴 뇌, 못생긴 뇌

결국 영유아기에 '조건 없는 사랑'의 부재,
다시 말해 아동학대는 변연계에
중독적 욕망을 부추기게 만듭니다.

혼기가 찬 아들에게 가끔 농담처럼 하는 말이 있습니다. "아빠는 얼굴 예쁜 며느리보다 뇌가 잘생긴 며느리면 좋겠다!" 농담같이 들리지만 실제로 잘생긴 뇌와 못생긴 뇌가 존재합니다. 제대로 된 애착과 돌봄을 받은 건강한 뇌와 학대와 두려움으로 쪼그라든 뇌는 그 모양부터 다릅니다.

요즘도 그러는지 모르지만 한때 결혼을 약속한 커플들끼리 양가에서 건강 검진서를 주고받는 일이 있었다고 합니다. 가능하다면 뇌 스캔 사진까지 받아 보는 것도 나쁘지 않다고 생각합니다. 상대가 얼마나 안정된 정서의 소유자인지 나를 얼마나 진실되게 끝까지 사랑해 줄 수 있는지 뇌 사진만 봐도 어느 정도 짐작을 할 수 있으니까요. 지금부터 우리 뇌의 모양이 어떻게 변하게 되는지 알아보겠습니다.

1

조건 없는 사랑

우리의 성격과 행동을 지배하는 뇌는 세 과정을 거치며 발달하게 됩니다. 우선 많은 뇌신경세포들이 만들어져야 합니다. 두 번째, 외부 자극들을 일관성 있게 처리하려면 서로 연결되어 신경망을 형성해야 합니다. 이를 시냅스 형성synaptic formation이라고 합니다. 마지막 단계는 효과적으로 정보를 처리하기 위해 방해될 수 있는 불필요한 신경세포들을 모두 제거해 버리는 것입니다. 이를 가지치기pruning라고 합니다.

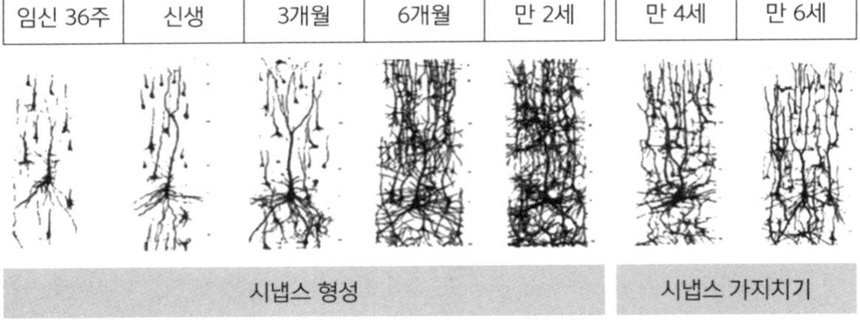

임신 36주	신생	3개월	6개월	만 2세	만 4세	만 6세
시냅스 형성					시냅스 가지치기	

그림 4. 시냅스 형성과 가지치기[1]

과수원에서 농부가 하는 일을 상상하면 금방 이해가 될 것입니다. 뇌에서도 똑같은 일이 벌어지죠. 그런데 놀라운 것은 그림 4에서 보는 바와 같이 만 3세에 이르러 신경망이 거의 완성되고 만 4세부터 본격적으로 가지치기가 시작된다는 것입니다. 세 살 버릇이 여든 간다는 말이 다시 실감되는 장면인데 뇌 발달과 연결해서 살펴보겠습니다.

뇌에는 뇌를 성장시키는 뇌유래신경영양인자[BDNF][2]라는 단백질이 있습니다. 이 단백질은 '조건 없는 사랑'으로 인한 기쁨의 경험을 통해 왕성하게 생산된다고 합니다. 우리나라에 '까꿍 놀이'라는 전통 놀이가 있는데, 엄마가 두 손으로 얼굴을 가렸다가 살짝 보여 주며 '까꿍'하면 아이는 '까르르 까르르' 숨이 넘어가게 웃죠. 그럴 때마다 뇌유래신경영양인자가 만들어져 뇌가 부쩍부쩍 자란다고 상상하면 됩니다. 이러한 경험의 누적은 감정과 애착의 뇌인 '변연계'를 왕성하게 자라게 할 뿐만 아니라 그 자체를 기쁨의 띠로 연결합니다. 이 뇌는 만 3세에 이르면 거의 80퍼센트가 완성된다고 합니다.

이 시기에 양육자와 함께하는 기쁨 경험은 최소한 세 가지 이유에서 의미심장합니다. 첫째, 뇌는 첫 12개월 동안 기쁨 감지 영역의

---

1. 시카고대학교 소아과·신경학과 교수인 피터 허튼로처(Peter Huttenlocher)가 발표한 시냅스 형성에 대한 연구 결과이다.
2. 뇌유래신경영양인자(腦由來神經榮養因子)는 '뇌유도성신경영양인자' 또는 '뇌유래신경성장인자'라고도 한다. 영어로는 'Brain-derived neurotrophic factor'이다. 어릴 때 학대와 같은 정신적 트라우마를 받은 사람들의 경우에는 이 인자가 결여되어 있다고 한다. 이 BDNF의 결여는 우울증, 조울증, 조현병, 강박장애, 치매, 알츠하이머병, 뇌의 일시적인 마비를 일으키는 뇌전증, 자폐, 신경성 식욕부진증, 폭식증 장애 등을 유발하는 것으로 알려져 있다.

뇌세포를 형성하는 데 에너지를 주로 사용하기 때문입니다. 기쁨을 많이 경험할수록 뇌세포들은 활성화되며 그 영역이 강화되고 확장됩니다. 기쁨 감지 용량이 커지는 것입니다. 생후 15개월 이후부터는 두려움을 느끼게 하는 뇌의 편도체가 본격적으로 성장합니다. 고양이를 두려워할 줄 모르는 쥐를 상상해 보세요. 비극이죠. 두려움은 좋은 것입니다. 그러나 두려움에 압도되면 트라우마가 될 수 있습니다. 이런 상황을 막아 줄 수 있는 것이 뇌의 기쁨 감지 영역입니다. 만일 기쁨 용량이 두려움보다 크면 그 두려움에 압도되지 않기 때문이죠. 기쁨으로 적절히 조절하며 오히려 자기 성장에 활용할 수도 있습니다. 이 시기에 충분히 커진 기쁨 감지 영역은 후에 부정적인 감정(두려움, 분노, 수치, 우울 등)을 경험할 때도 그런 감정들을 적절히 조절하고(감정 조절) 다시 일어날 수 있게 하는(회복력) 중요한 기반이 됩니다.[3]

두 번째 이유는 뇌의 기쁨 감지 영역과 유대감을 형성하는 뇌의 애착 영역이 일치하기 때문입니다. 따라서 기쁨은 '안정애착'을 형성하는 데 필수적 요인입니다. 이 시기에 충분히 커진 기쁨 용량은 미래의 관계 형성에 기쁨, 안정감 그리고 친밀감의 기반이 됩니다. 그렇지 못한 경우에는 사람이 오히려 불편하거나 두려운 대상이 되어 사람보다는 '그것'에 의존해 기쁨을 경험하고 친밀감을 채우려 하겠죠. 이것이 중독 뇌의 특징입니다.

마지막으로 사회적 존재인 인간에게 가장 본질적인 것은 건강한

---

3. 이에 대한 보다 자세한 내용을 알고 싶으면 《예수님의 마음으로 생활하기: 인생모델》의 81-90쪽 내용을 읽어 보라.

관계적 기쁨이라는 것입니다. 이런 기쁨에 대해 제임스 와일더[James] Wilder 박사는 다음과 같이 말합니다.

> 인간이 되는 것과 기쁨을 원하는 것은 불가분의 관계다. 우리는
> 기쁨의 창조물이다. 기쁨은 그 본질에 있어서 관계적이다. 기쁨
> 은 누군가 나와 함께하는 것을 즐거워하고, 나도 그것을 좋아한
> 다는 것을 뜻한다! 우리의 창조주는 기쁨이 가득하여 작동되는 뇌
> 를 가진 존재로 우리를 만드셨고, 우리의 삶이 기쁨의 관계로 충
> 만케 되기를 원하신다.[4]

한 문장 한 문장 오랜 시간 음미하며 각인해야 할 보석 같은 말들
입니다. "기쁨은 그 본질에 있어서 관계적이다." 다시 말하면 기쁨이
아닌 것은 본질적으로 관계가 아니라는 말입니다. 이 얼마나 단순명
료한 진리입니까! 돌아볼 때 의미 있는 관계들은 어떤 형태이든 기
쁨을 함께했던 관계였죠. 인간은 본질적으로 사회적 존재입니다. 관
계 속에 있을 때 모든 것이 풍성하고 의미 있으며 행복합니다. 엄마
가 제공하는 풍부한 기쁨을 통해 영유아들에게 관계적 기초를 세워
주는 것입니다. 그래서 "인간이 되는 것과 기쁨을 원하는 것은 불가
분의 관계"라고 말합니다.

하나님도 그렇게 우리를 양육하시지요. "너의 하나님 여호와가
너의 가운데에 계시니 그는 구원을 베푸실 전능자이시라 그가 너로

---

4. 제임스 프리슨 외, 《예수님의 마음으로 생활하기: 인생모델》, p. 81.

말미암아 기쁨을 이기지 못하시며 너를 잠잠히 사랑하시며 너로 말미암아 즐거이 부르며 기뻐하시리라 하리라"(습 3:17). 하나님과 절대적 관계를 가지고 계신 예수님께서도 "내가 이것을 너희에게 이름은 내 기쁨이 너희 안에 있어 너희 기쁨을 충만하게 하려 함이라"(요 15:11)고 말씀하셨죠.

만일 영유아기에 엄마와의 관계를 통한 기쁨을 제대로 경험하지 못하면 두려움이 자리를 대신하게 될 것입니다. 특히 발달학적으로 영유아기의 두려움은 뇌 성장과 구조에 매우 부정적인 결과를 가져옵니다. 먼저 뇌유래신경영양인자의 생산이 제한되어 뇌가 제대로 성장하지 못하게 됩니다. 그리고 이어지는 시냅스 형성과 가지치기도 두려움 중심으로 형성됩니다. 이로 인해 두려움에 매우 예민하고 회피적인 뇌가 될 것입니다. 이 또한 뇌 발달에 매우 부정적인 영향을 미칩니다.

천진난만한 한 아이가 숲에서 놀다가 곰을 만나 놀란 모습을 상상해 보세요. 숲은 더 이상 안전하고 재미있는 놀이터가 아닐 것입니다. 그런 일이 자주 일어난다면 숲은 걸을 때 늘 두려움에 긴장하고 경계해야 할 장소가 될 것입니다. 영유아들에게 사람들이 사는 세상은 바로 그런 숲과 같죠. 이런 상태에서 스트레스 호르몬인 코르티솔이 분비되는데 이것이 만성적일 때는 뇌 세포는 물론 면역력도 파괴됩니다.

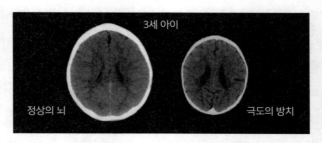

그림 5. 3세 이하 아이의 사랑받은 뇌와 방치된 뇌

발달학적으로 영유아기의 두려움은 만성 스트레스입니다. 이런 상태에서 뇌신경은 제대로 성장할 수 없죠. 그림 5는 3세 이하의 뇌를 촬영한 두 장의 사진입니다. 겉으로 보기에는 차이점이 없어 보이지만 이처럼 뇌를 스캔해 보면 큰 차이를 보입니다.

왼쪽 사진은 만 3세가 될 때까지 부모의 공감적 돌봄과 사랑을 받고 자란 아이의 건강한 뇌이고, 오른쪽 사진은 부모의 심한 방치 가운데 자란 아이의 왜소한 뇌 사진입니다. 왼쪽 뇌가 크기가 크고 밝은 건강한 뇌의 모습이라면, 오른쪽 뇌는 작고 어두운 부분이 뚜렷한 비정상적인 뇌 발달을 보여 줍니다. 단지 크기와 밝기뿐만 아니라 뇌신경 연결 상태와 구조도 다릅니다. 가슴이 아픈 것은 이때가 바로 첫 번째 자기감自己感을 형성하는 시기라는 점입니다. 자의식과 관련된 대뇌 피질의 완성(24-36개월)[5]과 더불어, 주위를 인식하는 감각과 기억 뇌(해마)가 폭발적으로 발달해 아이는 어느 정도 일관성 있는 자기감을 경험하게 됩니다. 만일 충분한 관계적 기쁨을 경험했다면 밝

---

5.   정식 명칭은 안와전두피질이다. 다음 장에서 자세히 살펴볼 것이다.

은 내면세계와 자신과 타인에 대한 긍정적 이미지를 갖게 될 것이고, 그렇지 못한 경우에는 상대적으로 어두운 내면세계와 자신이나 타인에 대해 부정적인 이미지를 갖게 될 것입니다.

마음과 몸(뇌) 그리고 삶은 삼위일체적인 관계를 가지고 있습니다. '조건 없는 사랑'을 통한 기쁨과 유대감은 뇌유래신경영양인자가 잘 만들어질 수 있도록 도와주어 풍요롭고 멋진 영유아의 뇌를 만들어 줍니다. 그러나 그런 사랑의 결여나 부재가 생기면 두려움이 그 자리를 대신하고 영유아의 뇌는 실제로 왜소하고 앙상해지죠. 그리고 평생 그 왜소함과 앙상함에 시달리게 되는 것입니다.

미국의 유명한 시인 에드나 밀레이^{Edna Milay}는 〈왜소한 나무〉에서 "만약 내가 고통스럽게 자란다면, 잎이 마르고 시든 열매처럼, 비틀어지고 제대로 크지 못한 나무처럼, 나의 젊음을 고통스럽게 견디어야 한다"로 시작합니다. 그리고 인생의 비바람에 예민하고 두려워하는 것은 "그것이 또다시 나를 괴롭힐까 두려워서이다"라고 말합니다. '가시나무'를 연상시키는 시입니다. 왜소한 나무를 상상해 보세요. 어떤 감정이 느껴지나요? 그것이 시와 같이 왜소하고 앙상한 뇌—뇌의 모양새는 실제 나무와 같죠—를 가지고 살아가야 하는 사람들의 깊은 내면의 세계입니다. 주 양육자와의 경험에서 생긴 아픔으로 인해 가시나무같이 날카롭고 상처에 예민한 뇌를 가진 사람은 도대체 그 마음을 어떻게 스스로 달랠 수 있을까요? 중독입니다.

중독의 권위자로 미국 테네시 의과 대학 중독과학센터장인 대니얼 슘록^{Daniel Sumrok} 박사는 중독을 '중독'이라고 해서는 안 되고 '의례화된 강박적 위안 추구'^{ritualized compulsive comfort seeking}로 불러야 한다고 합니다. 칼에 찔렸을 때 피 흘리는 것이 정상적 반응인 것처럼 부정적 아동기 경험[ACE]에 대한 정상적 반응으로 불법적이거나 건강에 해로운 것들로 스스로에게 의례화된 강박적 위안 추구 행동을 취한다고 보기 때문입니다.[6] 중독의 뿌리가 '부정적 아동기 경험'인 트라우마[7]에 있다고 말하는 것이죠. 아마 영유아기의 조건 없는 사랑의 부재는 인간이 경험하는 최초의 트라우마일 것입니다. 참으로 고통스러운 것은 영향만 받을 뿐 아무도 기억할 수 없다는 것입니다. 의식적으로 기억할 수 있는 뇌(해마)는 3세 이후에 형성되기 때문이죠. 기억할 수 없는 것과의 싸움은 참으로 고통스럽습니다.

임효주 씨는 명문고와 서울대를 나와 한때 사람들이 부러워하는 성공의 길을 걷던 사람입니다. 그런데 점점 심해지는 알코올 중독으로 죽음 직전까지 갔다가 회심하고 긴 과정을 통해 회복된 후 목사가 되었습니다. 그는 자신의 어린 시절을 다음과 같이 회상합니다.

나는 어릴 때부터 상당히 이중적인 성격의 소유자였던 것으로 기억된다. 항상 사람들 앞에 나서기를 좋아하고 큰소리치기를 좋아

---

6. https://acestoohigh.com/2017/05/02/addiction-doc-says-stop-chasing-the-drug-focus-on-aces-people-can-recover/
7. 트라우마(trauma)는 어원을 보면 상처(wound, injuries)라는 뜻인데, 의학에서는 외상(外傷)이라고 부르고, 프로이트 이후 심리학에서는 심리적 외상, 마음의 상처를 뜻한다. 이로 인해 사람들은 의식이나 무의식적으로 그와 비슷한 상황이 되풀이되지 않을까 하는 심리적인 압박을 받게 되는 것이다. 현대 과학에 와서는, 모래 위의 발자국처럼 일회적이거나 일련의 정신적 충격이나 고통이 피부의 상처와 같이 실제 뇌에 흔적, 즉 외상을 입힌다는 것을 밝혀내고 있다. 몸과 마음은 체내 화학물질들을 통해 하나로 연결되어 있다. 현대의학은 근대의학처럼 몸과 마음을 이분법적으로 보지 않는다. 몸과 정신은 밀접한 관계를 가지고 있다.

하면서, 비가 오거나 우울한 날씨가 되면 왠지 모르게 처연하게 되어 혼자서 우산을 들고 시내를 배회한다든지, 뒷산 언덕의 무덤가에서 비 내리는 시내를 바라다보곤 하는 정적인 감성의 소유자였다. 그래서 장성한 이후로도 비 오는 날이면 단 한 번도 술잔을 기울이지 않은 날이 없을 정도로 비를 사랑하고 비 오는 느낌과 환경을 사랑했다.[8]

이런 이중적인 모습은 중독자들의 공통적인 특징입니다. 중독자는 대부분 들뜬 흥분감(경조증)과 왠지 모르는 처연함(자기연민적 우울증) 사이를 오갑니다. 전자는 흥분감을 좇아가게 만들고(일, 성취·성공, 인정, 물질 등), 후자는 그런 감정을 술과 같은 중독물로 회피하려다 결국 중독의 덫에 빠지게 합니다.

임효주 목사는 과거에 자신이 술 중독에 빠지게 되었던 원인을 "왠지 모르게 처연하게 되는" 정적 감정이라 말합니다. 정적靜寂이란 한恨과 같이, 인정人情과 사람의 터치를 그리는 마음으로, 이는 어디서부터 오는지 모르지만 자신의 정체성과 늘 함께하는 감정입니다. 이런 경우 기억할 수 없는 영유아기의 '부정적 아동기 경험', 즉 온전한 사랑의 부재에서 오는 것일 수 있습니다. 그래서 대니얼 슘록 박사는 중독자들을 치료할 때 공감과 따뜻한 마음으로 그들의 부정적 아동기 아픔에 동참하며 정중하게 대할 것을 강조합니다. 더 이상 수치심을 불러일으키지 말고 그들처럼 바로 '정적'인 사람이 되라는 것이죠.

---

8. 임효주, 《어느 알코올 중독자의 죽음》, p. 24.

2

공격적 학대와 수동적 학대

뇌는 하늘보다 넓어라/ 옆으로 펼치면 그 안에/ 하늘이 쉬 들어오고/ 그 옆에 당신마저 안긴다// … 뇌는 신♯처럼 무거워라/ 무게를 나란히 달면/ 다르다 해도/ 음절과 음성 차이 정도나 될까

위의 시는 청교도인이며 미국의 시인인 에밀리 디킨슨이 1862년에 쓴 시의 일부입니다. 뇌의 영향력을 인식하며 "뇌는 신처럼 무거워라"라고 말합니다. 그리고 그 차이라 해보았자 "음절과 음성의 차이 정도"라 말합니다. 차이가 거의 없다는 말이기도 하죠. 독실한 기독교 집안에서 나고 자란 시인이 쓴 시 치고는 당황할 정도로 도전적인 시입니다. 천재적인 시인들이 그렇듯이 앞을 내다보는 놀라운 선견지명도 담고 있죠. 100년 후에 신경과학·신경생리 의학박사인 제럴드 에델만[9]이 쓴 《뇌는 하늘보다 넓다》라는 책에 인용됩니다.

마음과 뇌, 영성과 뇌는 서로에게서 자유할 수 없습니다. 상상을 초월할 정도로 밀접한 관계를 가지고 있다는 것이 속속히 밝혀지고

있습니다. 그런데 현대 신경정신학에서 말할 법한 내용을 한 시인이 이미 150년 전에 담아냈으니 최고의 뇌신경과학자도 놀라 책 제목으로 인용할 만하죠. 중독 역시 단지 마음과 영적인 문제만은 아닙니다. 뇌와 깊은 관계를 가지고 있습니다. 즉, 중독으로부터의 치유와 회복은 단지 결단과 강한 의지 이상의 문제라는 것입니다.

캘리포니아주 최초로 수석 의사가 된 네이딘 버크 해리스^{Nadine} Burke Harris 박사는 '어린 시절의 트라우마가 평생 동안 건강에 미치는 영향'을 주제로 한 TED 강연에서 어린 나이의 부정적 환경에 대한 노출이 두뇌와 신체 발달에 미치는 영향에 대해 다음과 같이 말합니다.

> 아동학대를 많이 경험하면, 뇌의 발달과 면역 체계, 호르몬 체계에 영향을 주며 심지어 DNA 정보가 읽혀지고 복사되는 것에도 영향을 줍니다. 학대를 과도하게 경험한 사람들은 정상인보다 일생 동안 심장병과 폐암의 위험에 노출될 확률이 3배나 더 높습니다. 그리고 평균 수명은 20년이나 차이가 납니다.[10]

해리스 박사의 말에 따르면, 부정적 아동기 경험^{ACE, Adverse Child-}hood Experience[11]은 신체적 발달에 문제를 일으켜 심한 경우 20년이나 일찍 죽게 한다는 것입니다. 한 예로, 미국에서 첫 번째 사망 원인이

---

9. 면역계에 대한 공로로 1972년 노벨생리의학상을 수상하였다.
10. https://www.ted.com/talks/nadine_burke_harris_how_childhood_trauma_affects_health_across_a_lifetime/transcript
11. 네이딘 버크 해리스 박사가 쓴 《불행은 어떻게 질병으로 이어지는가》라는 책은 '부정적 아동기 경험'이라고 해석했는데, 직역하면 아동기 역경 경험이라고 할 수도 있다.

허혈성 심장 질환[12]인데 어릴 때 극심한 학대를 받은 사람은 정상인보다 3.5배나 높았다고 합니다. 이는 앞서 언급한 트라우마의 세계적인 권위자 베셀 반 데어 콜크 박사의 임상보고와 동일합니다. 마음과 몸, 그리고 삶은 삼위일체 관계에 있습니다. 그리고 중독도 그 선상에 있죠. 아동학대를 받은 마음의 고통은 뇌와 마음을 왜소하게 만들어 중독에 취약하게 합니다. 아동학대는 기쁨과 보상 반응뿐만 아니라 약물 의존과 연루된 측좌핵에 영향을 미치고, 전전두엽prefrontal cortex에도 영향을 미쳐 충동 억제를 저해하고, 계획 실행과 새로운 것들을 학습하는 능력을 방해한다고 합니다. 또한 공포 반응과 연관된 편도체에도 영향을 줍니다. 이와 같은 신경학적인 이유로 사람들이 많은 양의 역경에 노출됐을 때, 중독과 같은 위험한 행동에 연관될 가능성이 더 높아지게 된다고 합니다.[13]

이를 이해하기 위해 쾌락 또는 보상 회로라고도 불리는 '도파민 회로'를 설명해야 할 것 같습니다. 도파민은 이미 중독의 주된 호르몬이라고 말씀드렸죠. 그림 6을 보고 설명드리겠습니다. 술이 핏속으로 들어오면 가장 먼저 쾌락을 유발하는 '측좌핵'NA[14]을 향합니다. 이 부위는 도파민을 받거나, 받을 것으로 기대하는 상황일 때 흥분이 되는데, 이때 쾌감을 느끼는 것입니다. 알코올의 도착과 더불어 흥분된 측좌핵은 도파민 생산 공장인 '복측피개영역'VTA에 도파민을 더 보내 달라고 요청합니다.

---

12. 심장에 혈액을 공급해 주는 관상동맥이 좁아지거나 막히게 되어 심장근육에 혈액 공급이 부족하여 발생하는 질환으로 협심증, 심근경색증 또는 급사(심장돌연사)로 나타난다.
13. https://www.ted.com/talks/nadine_burke_harris_how_childhood_trauma_affects_health_across_a_lifetime/transcript

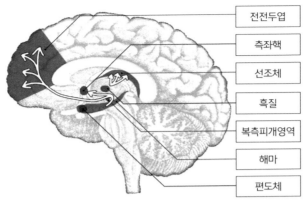

그림 6. 뇌 구조

복측피개영역에서 만들어진 도파민은 측좌핵뿐만 아니라 기억을 담당하는 '해마'와 그 끝부분에 있는 감정을 관장하는 '편도체'로도 향합니다. 이를 통해 도파민을 분비시켜 행동을 감정으로 느끼고 기억하는 것입니다. 동시에 도파민은 그런 행동(술)을 계속할지 안 할지 결정하고 계획하는 '전전두엽'에게도 보내집니다.

전전두엽은 해마로부터 그 행동에 대한 기억, 그리고 편도체로부터 그 행동(음주)이 야기한 감정에 대한 정보 등을 종합해 그 행동의 유해성을 최종적으로 판단합니다. 만일 두 개의 가치(음주와 비음주)가 충돌해 얻는 것보다 잃는 것이 많다면, 해로운 행동으로 판단하게 됩니다. 만일 해로운 행동으로 판단된다면 다른 신경전달물질인 '글

---

14. Nucleus Accumbens. 한국말로는 중격부에 있기에 중격측좌핵이나 그냥 측좌핵이라고 한다.

루타메이트'를 측좌핵에 보내 그 행동을 멈추라고 지시할 것입니다.

　이제 측좌핵에서는 한판 씨름이 벌어집니다. 만일 글루타메이트(해롭다는 판단)의 양이 복측피개영역에서 보내지는 도파민(쾌락)의 양보다 많으면 멈추게 될 것입니다. 도파민이 글루타메이트(해롭다는 판단)보다 더 많으면 비록 그 행동(음주)이 해롭다고 생각해도 멈출 수 없게 되겠죠. 중독 과정에 마지막으로 관여하는 것이 그런 행동을 습관화하는 '선조체'입니다.[15] 습관화란 익숙한 자동차 운전처럼 거의 무의식적으로 행동하는 것입니다. 이 회로는 좋은 것이든 나쁜 것이든 상관없이 대부분의 습관을 통제하는데, 습관화되면 내(전전두엽)가 아니라 뇌(선조체)가 하는 것입니다. 이렇게 측좌핵과 선조체가 완벽한 쌍을 이뤄 중독 현상을 만들어 냅니다.

　여기서 한 가지 기억해야 할 것은 전전두엽은 가장 늦게 발달하는 영역으로, 20대 초반에 가서야 성숙한다는 것입니다. 따라서 어린아이들과 청소년들은 쉽게 중독 현상에 빠질 수 있는 뇌 구조를 가지고 있습니다. 흥미로운 것은 측좌핵은 따뜻한 눈길과 사랑, 포옹, 안전감, 이해받고 통하는 느낌, 긍정적인 말, 친밀감, 자연에 대한 교감, 성취감, 희망 등에도 흥분(쾌감)한다는 것입니다. 이런 기쁨은 대부분 건강한 양육 과정에서 나오는 것으로 궁극적으로는 뇌와 정서 발달을 촉진시키고 탁월한 개인적 그리고 사회적 역량을 갖도록 긍정적인 역할을 합니다.

---

15. 신경해부학적으로 선조체(striatum)는 윗부분인 '배측 선조체'와 아랫부분인 '측좌핵'으로 나뉜다. 둘은 윗집과 아랫집 관계로 짝을 지어 중독 현상을 만들어 낸다.

그러나 아동학대로 인해 이런 경험들이 박탈된 아이들은 궁극적으로 모든 부분에 문제가 될 수 있는 자극물들(TV 만화, 핸드폰이나 컴퓨터 게임, 반사회적 행동 등)을 통해 대체적 기쁨으로 생존해야 합니다. 이는 이미 중독에 취약한 왜소한 뇌를 더 왜소하게 만드는 결과를 가져오게 됩니다.

흥미로운 것은 우리말에는 학대虐待와 중독을 뜻하는 남용濫用이 다르지만, 영어에는 모두 '어뷰즈'abuse입니다. 학대도 '어뷰즈'고 남용도 '어뷰즈'입니다. 이는 어렸을 때 가정이나 사회에 '어뷰즈'를 당하며 결국 '어뷰즈'하는 어뷰저abuser, 즉 중독자가 될 수 있다는 것을 암시하는 듯하죠. 이제 아동학대와 그것이 어떻게 뇌와 정서 그리고 개인적, 사회적 역량을 왜소하게 만드는지 알아보겠습니다. 먼저 아동학대에 대해 알아보아야겠죠.

아동학대라 하면 굉장히 큰 사건처럼 느껴집니다.[16] 그런데 아이들의 정신세계를 조금이라도 이해하면 그들이 작은 고통이나 불안 등에 매우 취약하다는 것을 알 수 있습니다. 아마 슈베르트의 가곡 '마왕'魔王을 들어 보신 적이 있을 것입니다. 슈베르트가 17세 때 괴테의 시를 보고 감명을 받아 작곡했다고 하죠.

깊은 밤 어둠을 뚫고 급히 말을 타고 달리는 아버지에게 안긴 어린 아들이 끊임없이 아버지에게 호소합니다. 마왕이 보이지 않느냐

---

16. 한국의 아동복지법 제3조 제7호에 따르면, 아동학대는 만 18세 미만의 사람들에게 "보호자를 포함한 성인이 아동의 건강 또는 복지를 해치거나 정상적 발달을 저해할 수 있는 신체적·정신적·성적 폭력이나 가혹행위를 하는 것과 아동의 보호자가 아동을 유기하거나 방임하는 것"을 말한다.

고, 저 음침한 곳에 있는 마왕의 딸들이 보이지 않느냐고. 이것을 볼 수 없던 아버지는 "아가! 무엇이 그리 무서우냐?"고 말하죠. 어린 아들은 "오, 아버지! 마왕을 봐요! 금관 쓰고 망토를 휘두르며"라고 말할 때 아버지는 "아, 아… 그건 안개란다"라며 달랩니다. 마왕의 속삭임을 듣고 어린 아들은 한 번 더 아버지에게 구조를 요청합니다. "오, 나의 아버지 들어보세요. 저 마왕이 내게 속삭인 말들을."

그러나 아버지는 어린 아들의 필사적인 구조 요청을 어리광으로 받아들입니다. 이제 어린 아들은 잔뜩 겁에 질려, "오, 나의 아버지 저것 보세요. 저 마왕의 딸이 보여요?"라고 호소합니다. 그러나 무감각한 아버지는 어린 아들이 세상에 대하여 느끼는 예민한 공포를 느끼지 못하고 "아가, 아가! 저기 저것은 늙은 수양버들이 틀림없다"라는 말로 달랩니다. 그리고 아이는 저 혼자만의 공포 속에서 끝내 죽고 맙니다. 물론 여기서 죽음은 마음의 죽음을 상징적으로 표현한 것일 수 있겠지만, 실제 '마라스무스'marasmus[17]와 같은 물리적인 죽음에 다다를 수도 있죠.

우리나라 아동복지법에 따르면, "아동학대란 보호자를 포함한 성인이 아동의 건강, 또는 복지를 해치거나 정상적 발달을 저해할 수 있는 신체적·정신적·성적 폭력이나 가혹행위를 하는 것과 아동의 보

---

17. 영양실조로 말라죽어 가는 아프리카 영유아들을 TV에서 본 적이 있을 것이다. 그런데 오래전에 미국에서 부모에게 유기되어 시설에서 자라는 영유아들의 경우 영양 공급이 충분한데도 불구하고 뚜렷한 사망 원인을 알 수 없이 말라죽어 가는 것을 보고 '마라스무스'라고 명명했다고 한다. 이런 현상을 연구하던 스피츠 박사는 영유아들에게 영양분이 충분해도 피부 접촉과 같은 애정 결핍이 생길 때에 그와 같이 죽어 갈 수 있다는 것을 설명한다. 그 후로부터 마라스무스는 애정 결핍으로 생기는 병의 대명사가 되었다. 마라스무스는 그리스어로 '시들다' 또는 '썩어 들어가다'라는 뜻이다.

호자가 아동을 유기하거나 방임하는 것"이라고 되어 있습니다. 여기서 아동이란 만 18세 미만의 사람을 말합니다. 아동학대법은 어린아이들뿐만 아니라 십대 청소년에게도 적용됩니다. 앞 장에서 의식할 수 없는 영유아기의 아동학대를 다루었다면 여기서는 기억할 수 있는 아동학대를 다루겠습니다.

현재까지 중독과 관련해서 아동학대를 측정하는 가장 과학적이고 신뢰할 수 있는 검사는 1985년 빈센트 펠리티Vincent Felitti 박사가 개발한 에이스ACE입니다. ACE는 '부정적 아동기 경험'Adverse Child-hood Experience의 약자로 열 가지 유형의 부정적 아동기 경험으로 구성되어 있습니다. 설문지 내용은 다음과 같습니다.[18]

▶ 당신이 (만) 18세 생일을 맞이하기 전에, 그동안 성장하면서

질문 내용	예/아니오
부모나 집안의 다른 어른이 자주 당신에게 욕설을 하거나, 모욕하거나, 깎아내리거나, 굴욕감을 주었나요? 당신이 몸을 다칠지도 모른다는 두려움을 느끼도록 행동했나요?	
부모나 집안의 다른 어른이 자주 당신을 밀치거나 세게 움켜잡거나, 손찌검을 하거나, 당신에게 무엇인가를 던졌나요? 당신에게 맞은 자국이 생겼거나, 다칠 정도로 세게 때린 적이 있나요?	
어른이나 최소한 당신보다 다섯 살 많은 사람이 언젠가 한 번이라도 당신을 만지거나, 애무했거나, 또는 당신에게 성적인 방식으로 자신의 몸을 만지게 강요한 적이 있나요? 당신에게 구강, 항문 또는 질 성교를 시도했거나, 실제로 한 적이 있나요?	

당신은 다음과 같은 감정을 '자주' 느꼈나요? 가족 중 아무도 당신을 사랑하지 않았거나, 당신을 중요하거나 특별한 사람으로 생각하지 않는다. 가족들이 서로를 위하지 않았거나, 서로를 가깝게 느끼지 않거나, 서로를 지지해 주지 않는다.	
당신은 다음과 같은 감정을 '자주' 느꼈나요? 먹을 것이 충분하지 않거나, 더러운 옷을 입어야 한다거나, 당신을 보호해 줄 사람이 아무도 없다. 부모가 술이나 마약에 너무 취해 있어서 당신을 보살피지 못한다거나, 필요할 때 당신을 병원에 데려가지 못한다.	
당신의 부모님은 별거한 적이 있거나, 이혼한 적이 있나요?	
누군가가 당신 어머니를 또는 당신 양어머니를 밀치거나, 세게 움켜잡거나, 손찌검을 하거나, 그녀에게 무언가를 집어던진 일이 '자주' 있었나요? 그녀에게 발길질을 하거나, 물거나, 주먹으로 때리거나, 단단한 것으로 때리는 일이 '때때로' 혹은 '자주' 있었나요? 또는 적어도 몇 분 이상 계속해서 그녀를 때렸거나 총이나 칼로 위협한 적이 '한 번이라도' 있었나요?	
당신은 술 문제를 일으키거나, 알코올 중독자인 사람 혹은 불법적인 마약을 하는 사람과 함께 살았었나요?	
가족 구성원 중에서 우울증이 있었거나, 정신 질환에 걸렸거나 혹은 자살을 시도한 사람이 있었나요?	
가족 구성원 중에서 감옥에 간 사람이 있었나요?	

표 2. ACE 연구에서 아동기의 경험을 묻는 10가지 항목

▶ '예'라고 답한 수는 1점씩 더하시오.
▶ 이것이 당신의 ACE 지수입니다.   **총점:** _____

---

18. https://acestoohigh.com/got-your-ace-score/ 이 내용은 네이딘 버크 해리스가 쓴 《불행은 어떻게 질병으로 이어지는가》의 425쪽 이하에도 나와 있다.

펠리티 박사는 1995년부터 1997년까지 1만 7,421명의 중상류층 백인들을 대상으로 '부정적 아동기 경험'에 대한 기념비적 연구를 실시했습니다. 그 결과는 "전체 응답자의 3분의 2가 아동기에 부정적인 경험을 한 적이 있다고 밝혔고, 이 중 87퍼센트는 점수가 2점이상, 전체 응답자 여섯 명 중 한 명은 ACE 점수가 4점 이상으로 나타났다"[19]고 합니다.

펠리티는 "트라우마 된 경험은 잃어버린 시간으로 남아 수치심, 숨기려는 마음, 사회적 금기 때문에 은폐되는 경우가 많다"고 합니다.[20] 대니얼 슘록 박사가 운영하는 대학 중독센터에 입원한 한 여성은 설문조사에서 처음 ACE 점수가 1점이었는데 개인면담 시간에 조목조목 질문하자 9점이 되었다고 합니다.[21] 이 연구의 대상이 중상류층의 미국 백인들로 대학 교육을 받은 직업인이라면 그렇지 않은 대상들은 어떤 결과가 나올지 가히 짐작을 할 수 있을 겁니다.

ACE 연구에 따르면 점수가 높을수록 만성 질환, 정신 질환, 폭력, 폭력의 희생자 및 기타 여러 결과의 위험이 높아집니다.[22]

중독과 관련해서는 ACE 점수가 있는 사람은 이른 나이에 중독물들을 사용할 가능성이 2-4배 더 높아지고, ACE 4점인 경우 알코올

19. 《몸이 기억한다》. p. 237.
20. 앞의 책. p. 238.
21. https://acestoohigh.com/2017/05/02/addiction-doc-says-stop-chasing-the-drug-focus-on-aces-people-can-recover/
22. 예를 들어, 인구의 12퍼센트에서 ACE 점수가 4점이 나왔는데, 만성 폐 질환의 가능성은 일반인의 4배, 간염 2.5배, 심장 질환과 암 위험도 거의 2배나 높아진다. 정신 질환과 관련해서는 우울증 4.5배, 자살 시도는 12배나 증가하게 된다.

중독에 빠질 확률이 7배, 5점 이상인 경우 불법 약물 흡입이나 투여 가능성이 7-10배나 더 높아집니다.[23]

일반적으로 아동학대는 크게 공격적 학대aggressive abuse와 수동적 학대passive abuse로 나눕니다. 전자는 부모가 자녀에게 주면 안 될 것을 주는 것으로 일반적으로 잘 알고 있는 학대입니다. 공격적 학대라고 하는 이유는 고통을 주어 조종하고 통제하고자 하는 공격적 의도가 있기 때문이죠. 여기에는 신체적이거나 정신적 또는 성적 폭력이나 각종 가혹행위 등이 포함됩니다. 그러나 정말 미묘한 공격적 학대는 사랑이나 교육의 이름으로 행해지는 것들입니다. 이 가운데는 자신이 부모에게 받은 상처를 물려주지 않기 위해 아이를 과도하게 조종하고 통제하는 것도 포함됩니다. 모두 일방적이고 비판적이며 강요적인 의사소통이나 관계 가운데 행해지는 것들입니다. 구체적인 예들을 몇 개만 살펴보겠습니다.

《잃어버린 시간을 찾아서》를 쓴 프랑스의 천재작가 마르셀 프루스트Marcel Proust의 어머니는 자기 나름의 방식으로 아들을 끔찍이 염려하고 사랑한 사람으로 잘 알려져 있습니다. 틀에 박힌 사고방식을 가진 그녀는 전형적인 시민계층 가정의 딸이자 의사의 아내로서 자신의 역할을 훌륭하게 수행하고 사교계에서 존경받기 위해 무척 신경을 썼다고 합니다. 그런 그녀에게 아들 마르셀의 범상치 않은 독창력과 활력은 위협으로 느껴졌고 무슨 수를 써서라도 그것을 제거하려고 했습니다.[24] 그래서 모든 면에 걸쳐 세세한 것까지 간섭

---

23. 앞의 글.

했고 인간관계까지도 지시하려고 했다고 합니다. 이 숨통 막히는 관계로 인해 그는 평생 발작과 천식에 시달리게 되죠. '어머니에게 보낸 편지'에서 분명하게 '그녀의 눈 밖에 나는 위험을 감수하느니, 차라리 몸이 아픈 쪽을 택하겠다'고 썼습니다.[25] 결국 침대에 누워 지내다가 일찍 세상을 뜨게 됩니다. 몸과 마음의 관계는 참 신기합니다. 성인이 되면 벗어날 수 있지 않느냐고 반문할지 모르겠지만 태어난 이후로 그의 몸속에 잠재해 있던 이 공포는 전문가의 도움을 받지 않는 이상 혼자 이겨 내기 힘듭니다. 그는 30대 초반에 쓴 편지에서 이렇게 말합니다.

> 제가 건강하게 지내기가 무섭게 어머니는 모든 것을 파괴해요. 그러면 결국 저는 다시 힘들어지고요. 이건 진실이에요. 제가 더 건강하게 생활하는 모습이 어머니를 자극하기 때문일 거예요. … 하지만 어머니에게 애정도 받고, 동시에 건강도 유지하는 것이 불가능하다는 것은 저에겐 슬픈 일이에요.[26]

24. 앨리스 밀러, 《폭력의 기억, 사랑을 잃어버린 사람들》, p. 68.
25. 앞의 책, p. 77.
26. 앞의 책, p. 75.

그림 7. 트라우마 회상

그림 7은 이제는 성인이 된 어느 목사님의 딸이 어린 시절에 경험한 트라우마를 회상하며 그린 그림과 글입니다. 모두 왼손으로 그리고 쓴 것입니다. 왼손 작업은 감정과 경험을 담당하는 오른쪽 뇌를 활성화시켜 감정 경험을 담고 있는 측두엽에서 이와 관련된 기억들을 활성화시킬 수 있습니다. 어린 시절 힘들었던 기억들을 재경험하며 치유적인 측면에서 재처리reprocessing하는 데 도움을 줄 수 있는 방법입니다.

아주 어렸을 때부터 늘 아버지로부터 "너는 항상 기뻐해야 된다, 범사에 감사해야 한다. 원수도 사랑하는 것이 하나님의 사랑이다" 또는 "실없이 말하는 것은 성경적인 것이 아니다"라는 말을 듣고 자란 사람의 그림입니다. 아버지의 양육은 그녀의 나이에 맞지 않는 것이었죠. 이런 것을 심리학에서는 정서적 학대라고 부르지만, 실상은 종교적 학대의 모습입니다. 겉으로는 '자만, 교만, 우월감, 자가당착'이라고 쓰고 있지만 속으로는 '받아 주는 사람이 없다. 나를 몰라준다. 무시한다. 화가 난다. 우울하다'라고 쓰고 있어요. 이런 이중적인 모습이 상처받은 사람들의 두드러진 특징이죠. 내면의 불안과 분노를 가진 사람들이 표정은 미소와 부드러움으로 포장할 수 있다는 것을 알 수 있습니다. 가정 폭력이나 부부 싸움을 목격하는 것도 아이들에게 치명적인 공격적 학대가 됩니다. 다음 그림과 글에서 부모님의 싸움이 자녀에게 얼마나 큰 고통과 무력감을 주는지 느껴 보세요.

이곳이 싫어! 제발 멈추어요. 내가 할 수 없어요. 나 아무것도 없어도 돼요. 싸우지 마. 차라리 내가 없어지면… 난 힘이 없고 할 수 없어. 난 팔 다리도 힘이 없어. 내가 할 수 있는 것이 없어. 어디로 가야 하지. 가고 싶어. 이젠 안 그럴 거야. 난 아냐. 내가 아니야. 나도 싫었어. 내가 나중에 다 줄게.

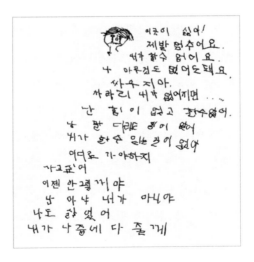

그림 8. 공격적 학대

카트린 방세는 《욕망의 심리학》에서 아빠와 엄마의 사랑이 자녀에게 미치는 영향에 대해서 말합니다. 아이는 아빠와 엄마가 서로 사랑하기를 바라죠. 아빠와 엄마의 사랑을 부정하는 것은 곧 자기 정체성에 대한 부정이나 다름없기 때문입니다. 아이의 존재의 기원이 바로 부모이기 때문에 그들은 아이 안에서 항상 하나로 결합되어 있습니다. 아버지와 어머니가 서로에게 품는 감정은―그것이 사랑이나 다정함이든, 증오나 원한이든―자식들에게 전달되어 자식들은 자동적으로 그러한 감정을 인식하는 주체가 된다고 합니다.[27]

수동적 학대란 부모가 자녀에게 반드시 주어야 할 것을 주지 못해 일어나는 학대입니다. 부모의 방임이나 방치neglect, 무관심이 주 원인입니다. 그러나 부모가 자녀에게 고통을 주고자 하는 의도성이 없기에 수동적 학대라고 합니다. 가정에서의 물리적 돌봄의 부족(가난, 영양 결핍), 정서적 돌봄의 부족(공감적 소통, 사랑과 격려) 그리고 위로와 확언의 부족, 방치와 방임, 고통에 대한 무관심, 단절과 외로움 등으로 생기는 정신적 상처가 모두 포함됩니다.

공격적 학대만큼 파괴적일 수 있지만, 가해자나 피해자 대부분 이를 학대라고 인식하지 못합니다. 그래서 원인 모를 고통이 지속될 수 있죠. 때로는 그것을 행복한 시기로 혼동하기도 합니다. 일반적으로 수동적 학대를 경험한 사람들은 어렸을 때 행복했느냐고 물으면 대부분 행복했다고 말합니다. 그런데, 가족과 함께한 행복한 기억 중에서 구체적으로 세 가지만 말해 달라고 하면 의외로 말 못하

27. 카트린 방세, 《욕망의 심리학》, p. 38.

는 경우가 많습니다.

우울증으로 평생 고생한 어느 목사님의 아내를 도와준 적이 있습니다. 오랫동안 우울증 약을 먹었지만 도움이 되지 않아 찾아왔다고 합니다. 이분은 서해의 한 농어촌에서 성장기를 보냈죠. 어렸을 때 기억나는 행복한 순간을 말해 달라고 하니까, 해 떨어질 때가 되면 언덕에 앉아서 황홀한 노을을 바라볼 때가 가장 행복했었다고 회상합니다. "몇 살 때요?"라고 물으니, "여섯 살 때인 것 같아요"라고 감정 없이 응답합니다. "그 아이의 뒤에서 바라보면 어떤 느낌이 드세요?"라고 물었더니, 잠시 있다가 눈물을 흘리며 "너무 불쌍해요. 외로울 것 같아요" 합니다. 이분에게 어린 시절은 새벽 일찍이 어망을 거두기 위해 바다에 나간 부모님과 나이 차이가 큰 형제들이 모두 학교에 간 후에 혼자 일어나 차려진 밥상을 맞이하고 스스로를 달래야 했던 시간이었죠. 그래서 가족을 위해 고기잡이와 농사일로 늘 힘들게 살아가시는 부모님의 모습을 보면서 한 번도 불평을 해본 적이 없었다고 합니다.

상담 시간을 통해 자신이 방치당했고 늘 외로웠고 대인관계도 불편해했다는 것을 인식하게 됐습니다. 일반적으로 수동적 학대를 학대로 인식하기 어려운 것은 '부모님이 사랑하지만 상황에 의해 그럴 수밖에 없었다'라고 이해하려 하기 때문입니다. 그리고 그런 가족사는 일종의 수치가 될 수 있어서 부인하거나 미화하는 경향이 있습니다. 고생하시는 부모님에 대한 연민의 마음일 뿐, 그것이 수동적 학대일 수 있다는 것을 인식하기 어렵습니다. 결국 수동적 학대 상황에서는 나이에 관계없이 홀로 자신의 고통을 끌어안고 스스로 해결책을 찾아나서야 합니다. '개천에서 용 났다'고 표현되는 자수성가에도 이런 수동적 학대가 자리할 수 있습니다.

다음은 다양한 수동적 학대의 예들입니다.

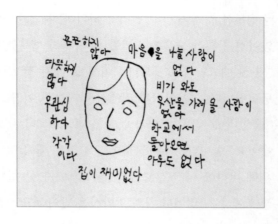

그림 9. 수동적 학대

끈끈하지 않다. 따뜻하지 않다. 무관심하다. 각각이다. 집이 재미없다. 마음을 나눌 사람이 없다. 비가 와도 우산을 가져올 사람이 없다. 학교에서 돌아오면 아무도 없다.

위 그림에는 얼굴에 표정이 거의 없습니다. 수동적 학대를 경험할 때 감정이 매우 제한되기 때문입니다. 〈센과 치히로의 행방불명〉이라는 영화에 나오는 '가오나시'의 얼굴과 같죠. 강박적 성격을 가진 사람들의 모습인데, 길거리나 전철에서 이런 얼굴들을 자주 접할 수 있습니다.

아래 그림 역시 수동적 학대 속에 자란 사람의 모습입니다. 이 그림에 나타난 얼굴 표정도 매우 제한되어 있습니다. 얼굴에는 자기 방어적인 웃는 표정으로 고정되어 있죠. 그러나 글 가운데 그 이면의 고통스러운 모습이 그대로 드러나 있습니다.

그림 10. 수동적 학대

부끄러움이 많은 소심한 아이. 혼자 사색을 즐기는 아이. 언제나 모범적인 학생. 선생님이나 어른을 대하는 것이 너무 어렵다. 아버지하고 재미있게 놀아 본 적이 없다. 어머니는 사진으로만 기억. 얼굴을 모른다. 그런데 보고 싶은 마음이나 그리움도 느껴지지 않는다.

약 20년 전에 제 자신도 그림 작업을 해보았습니다. 저의 그림은 이 두 그림을 합쳐 놓은 것 같았습니다. 지금도 그때 기록한 말을 생생하게 기억하고 있습니다.

> 거기 아무도 없어요? 날 좀 봐 주세요. 나 말 잘 듣고 착하잖아요.
> 그렇다고 말해 주세요. 나를 칭찬 좀 해주세요. 나와 좀 놀아 주
> 세요. 심심해요. 외로워요.

이 말에서 느끼는 것과 같이 저의 에고 중독, 범생이 중독, 동반
중독, 일과 성취 중독, 인정 중독 등 다 이 아픔에 뿌리를 둔 것이었
습니다.
상대적 가난도 큰 수치심을 일으키는 수동적 학대가 될 수 있습
니다. 다음 그림은 어린 시절 가난으로 인해 큰 정신적 충격을 경험
한 사람의 그림과 글입니다.

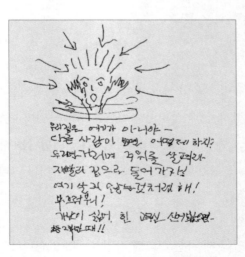

그림 11. 상대적 가난으로 인한 수동적 학대

우리 집은 여기가 아니야. 다른 사람이 알면, 어떻게 하지. 두리 번거리며 주위를 살펴라. 재빨리 집으로 들어가자! 여기 살지 않는 것처럼 해! 부끄러워! 가난이 싫어. 흰 고무신 신어 봤으면… 초등 2학년 때!!

그림을 보세요. 모든 사람이 자신을 보고 있는 것 같은 착각 속에 몹시 당황스럽고 수치스러워 자신의 얼굴을 숨기려고 하죠. 머리카락은 주뼛 서 있습니다. 실제 공포를 느낄 때 이런 경험을 하는데, 온몸이 굳어지고, 숨이 가빠지고, 가슴이 두근거려 빨리 여기서 벗어나야 하는 절박감 때문에 아드레날린이 쏟아져 나올 때 일어나는 현상입니다. 자신이 죄를 짓지도 않았는데, 아담과 하와가 죄를 짓고 경험한 모든 수치 반응을 그대로 보여 주고 있습니다.

아동기에 공격적이든 수동적이든 학대를 받은 사람들의 핵심 정서는 수치심입니다. 이런 수치심은 정체성으로 자리하게 되는데, 만성 스트레스를 일으키는 원인이 되어 뇌의 손상을 가져올 수 있습니다. 이런 점에서 본다면, 공격적 학대나 수동적 학대는 차이가 없습니다.

마지막은 공격적 학대와 수동적 학대가 함께 가해진 복합적 학대의 그림입니다. 아래 그림은 한 여자 신학생의 것으로 어머니는 늘 교회에서 사셨다고 합니다. 물론 가정불화도 심했죠. 어머니는 그것을 피하기 위해 늘 교회에서 살았고 아이들은 방치된 것입니다. 그런 엄마를 보고 '나를 돌보지 않고 다른 사람과 놀고 있는 엄마가 밉다'라고 표현하고 있습니다. 이것이 어린아이의 시각입니다. 이 아이의 고통스러운 호소를 듣고 느껴 보세요.

그림 12. 복합적 학대

물에 떠내려가 죽을 것 같다. 춥다. 나를 돌보지 않고 다른 사람
과 놀고 있는 엄마가 밉다. 나무토막에 걸려 있는데 나를 구해 주
지 않는다. 엄마에게 욕하고 싶다. 남동생은 혼자 놀면서 나를 놀
리고 있다. 나쁜 놈!

여기서도 이중적인 모습이 보입니다. 위의 두 아이는 웃는 아이
들, 아래 두 아이는 떠내려가서 죽은 아이들로 보이죠. 그런 엄마를
경험했다면 교회에 대한 부정적인 생각으로 신학교에 올 것 같지 않
다는 생각이 들어서, 입학하게 된 동기를 물었습니다. 그런데 첫 번

째 대답은 "글쎄요, 잘 모르겠어요"였습니다. 학기가 끝날 무렵 그녀는 자신과 같이 교회에 빠져 있는 부모를 둔 아이들을 지켜 주고 돌보기 위해 온 것 같다고 하더군요.

외상 후 스트레스 장애[PTSD]라는 말을 들어 보셨을 것입니다. 이것은 전쟁, 재난, 성폭력 피해, 가까운 사람의 죽음을 목격하는 등의 '큰 트라우마'[big trauma]를 경험한 후 한 달이 지나도 그 충격 때문에 정상적인 생활이 불가능할 때 내려지는 진단입니다. 그러나 트라우마는 밖에서만 일어나는 것이 아니죠. 베셀 반 데어 콜크 박사는 "해외의 전쟁 지대에서 근무하는 군인이 한 명이라면, 그 열 배의 아이들이 자신이 살고 있는 집 안에서 더 위태롭게 생활한다"고 말합니다.[28] 그리고 그 심각성에 대해 "성장 중인 아이에게 찾아온 공포와 고통의 원천이 적군이 아니라, 자신을 돌보는 사람일 경우 회복은 너무나 힘들어진다는 점에서 이 문제는 더 큰 비극이다"라고 합니다.

복합성 외상 후 스트레스 장애[complex PTSD][29]는 반복적이고 지속적인 아동학대로 인한 트라우마에 의해 발생하는 후유증(장애)을 총칭하는 용어입니다. 어린 시절부터 부모나 가족에게 반복적이고 지속적인 신체적·정서적 학대나 방임을 당하는 것에서부터, 낯선 사람이나 주변사람에게 성폭행을 당하는 충격적인 사건에 이르기까지, 이러한 경험은 정신적 장애에 이르게 합니다.

복합성 외상 후 스트레스 장애의 두드러진 특징은 과도한 긴장과

---

28. 《몸은 기억한다》, p. 52.
29. DSM-5(정신장애 진단 및 통계 편람, 2013년)에는 아직 정식 진단명으로 포함되지는 않았지만, 트라우마 전문가들 사이에서는 친숙하게 사용되는 용어이다.

불안, 만성적 우울로 감정이나 스트레스 조절의 어려움을 겪습니다. 또한 억압됐던 분노가 순간 지나치게 폭발하기도 합니다. 이로 인해 대인관계가 순조롭지 못할 수도 있습니다. 이러한 특징들은 만성적인 수치심과 죄책감으로 이어지고 자기 자신을 부정적으로 보는 자기 비하와 타인 불신으로 삶은 더욱 고립되어 그 누구와도 친밀한 관계를 형성하지 못합니다. 자신의 기억을 차단하고 감정을 억압하기에 심리적인 통찰력이 약하게 되어 주로 신체화 증상으로 심리적 고통을 표현하게 됩니다. 검사를 해도 딱히 원인을 알 수 없는 모호한 신체 증상들로 두통, 공황장애, 근육긴장, 관절통, 편두통, 만성소화불량과 같은 위장관 불편감, 심폐기능이상(허혈증, 천식 등), 건강염려증(심인증) 등이 그 예들입니다.

결국 이런 상태는 스트레스와 자기 조절에 어려움을 가져와서 충동적 일탈행동(갑작스러운 저항, 무단결석, 음주, 흡연, 폭력, 가출 등)을 하게 하거나, 또 스스로 괴로움에서 벗어나기 위해 중독 물질이나 중독 행위를 탐닉할 수도 있습니다.

그러나 큰 트라우마를 경험해도 모두 다 외상 후 스트레스 장애를 겪는 것은 아니라는 것입니다. 여러 요인들 가운데 복합성 외상 후 스트레스 장애가 중요한 변수를 차지하는데, 그로 인해 큰 트라우마가 외상 후 스트레스 장애로 발병할 수 있고, 악화되거나 고통이 더 커질 수 있다는 것입니다. 왜냐하면 복합성 외상 후 스트레스 장애로 그 트라우마를 감정적으로 조절할 능력과 지지기반이 부족하기 때문이죠.

다시 한 번 강조하면, 단지 마음과 의지의 문제가 아니라는 것입니다. 앞에서 살펴본 바와 같이 그런 스트레스를 처리할 만큼 뇌가 제대로 발달하지 못했고 조화롭게 연결되어 있지 못하기 때문이죠. 그렇다면 뇌가 감정, 즉 중독적 욕구를 제대로 처리하기 위해서는 어떻게 되어야 할까요? 이 장을 시작하며 도입부에 소개한 뇌와 중독의 관계를 좀 더 자세히 보겠습니다.

3

뇌의 활성화

오케스트라 연주에서 한 편의 아름다운 음악이 완성되기 위해서는 탁월한 지휘자와 각 파트를 맡은 연주자들의 절묘한 조화가 절대적입니다. 만일 서로 경청하며 협업이 되지 않는다면 말 그대로 불쾌한 부조화의 음악이 되겠죠. 때로는 너무 절제가 강해 마음에 감동과 생명력을 주지 못하고, 반대로 감정이 너무 강해 오히려 혼란스럽게 할 수도 있습니다. 연주자들이 자신에 취해 지휘자와 관계없이 연주한다면 어떻게 되겠습니까? 모두를 불쾌하게 만들 수 있습니다.

뇌도 마찬가지입니다. 뇌의 다양한 부분들이 협업을 하며 주인의 아름다운 뜻에 따라 함께 움직여 주어야 합니다. 그러나 불행하게도 두려움 속에 성장한 뇌는 그렇지 못합니다. 고린도전서 12장에 나오는 몸과 지체의 비유와 같이 단절된 상태에서 각자 따로 놀며 끊임없이 불쾌한 불협화음을 만들어 냅니다. 또한 지휘자의 뜻대로 움직이지 않아 중독의 유혹에 쉽게 무너지게 되죠.

그림 13은 뇌의 여섯 가지 감정 조절 센터들입니다. 작동하는 순

서대로 말하면 처음이 시상①입니다. 후각을 제외한 모든 정보들이 일단 이곳으로 들어오는데, 일종의 종합터미널입니다. 외부로부터 엄청난 정보가 들어오는데 모두 처리할 수 없죠. 두려움과 기쁨을 주는 정보만을 걸러냅니다.

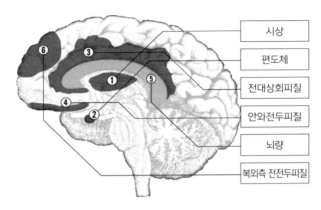

그림 13. 6단계 감정 조절 센터

일차적으로 걸러낸 정보는 편도체②로 갑니다. 편도체②에 전달된 정보는 바로 옆에 있는 기억의 뇌 해마로 들어가 전에 기억된 정보들과 비교하며 안전한 정보인지, 아니면 위험한 정보인지 판단하게 합니다. 만일 이 정보가 비교적 안전한 정보라면 전대상회피질③과 안와전두피질④로 전달됩니다. 전대상회피질③은 불편한 감정을 다루며 필요에 따라 경계신호를 보내는 곳입니다. 안와전두피질④은 들어온 감정적 정보를 공동체적 가치에 따라 조절하고 의사결정을 하는 곳입니다. 그런 점에서 감정과 충동을 조절하는 중추라고 할 수 있습니다. 또한 공감과 감정이입을 가능케 하는 곳으로 상대의 입장에서 생각해 보고 느끼며 결정을 내리는 '따뜻한 뇌'이기도 하죠. 이곳에서 내려진 의사결정에 따라 여러 곳으로 전달되어 실행됩니다.

뇌량⑤은 '뇌의 다리'라는 뜻으로 우뇌와 좌뇌를 연결하여 서로 다른 정보가 교환되어 조화를 이루게 하지요. 만일 이곳이 얇으면 지나치게 이성적(좌뇌형)이거나 지나치게 감정적(우뇌형)이 될 수 있습니다.[30] 복외측 전전두피질⑥은 안와전두피질에서 결정한 것을 차가운 이성으로 계획하고 통제하는 집행부입니다. 만일 안와전두피질이 쾌락 욕구(중독)를 억압하라고 하면 그 명령을 선조체에 내려 통제하게 합니다.

문제는 뇌가 모두 다르다는 것이죠. 앞 장에서 설명한 것처럼 기쁨 가운데 성장한 뇌는 이 모든 것이 든든하고 조화롭게 만들어져 중독을 제압할 수 있는 힘이 있습니다. 그러나 두려움 가운데 성장한 뇌는 안와전두피질과 복외측 전전두피질이 제대로 발달되어 있지 않아 쾌락 욕구를 이기기 힘들죠. 그리고 두려움의 띠로 엮어진 뇌는 늘 불안과 두려움에 과민해서 자기중심적이고 비양심적일 수밖에 없게 됩니다. 신경정신과 의사인 티머시 제닝스Timothy R. Jennings 박사는 두려움과 사랑은 반비례 관계로 두려움이 커지면 사랑, 성장, 발달, 건강한 사고는 줄어들고, 반대로 사랑이 커지면 두려움이 줄어들 뿐 아니라 성장, 발달, 건강한 사고가 모두 향상된다고 말합니다. 이

---

30. 불안정 회피 애착을 가진 경우에는 좌뇌형으로, 집착형인 경우에는 우뇌형으로 발달한다고 한다.

것은 뇌가 인지하는 부분이 다른 것으로 사랑은 전전두피질에서, 두려움은 대뇌변연계에서 발생한다는 것입니다.[31]

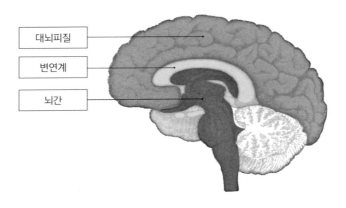

그림 14. 뇌의 3층 구조

뇌간, 변연계, 대뇌피질

뇌는 3층 집처럼 3층 구조로 되어 있습니다. 1층 뇌를 뇌간이라 합니다. 이 뇌는 호흡, 심장박동과 혈압, 체온, 균형, 음식물 삼키기 등 생명을 유지하는 데 있어서 가장 기본적인 기능을 담당합니다. 이 뇌는 냉혈동물인 파충류도 가지고 있어서 파충류 뇌라고도 불리는데, 태어날 때 거의 완성된 상태로 자율적으로 작동하기에 사람 사이에 큰 차이가 없습니다. 다시 말해, 양육자의 손에 거의 영향을 받지 않는다고 할 수 있죠. 사람의 손길을 타서 큰 차이를 볼 수 있는

---

31. 티머시 R. 제닝스, 《뇌, 하나님 설계의 비밀》, p. 76.

부분들은 발달 순서에 따라 먼저 2층 대뇌변연계이고, 이어 3층 대뇌피질입니다.

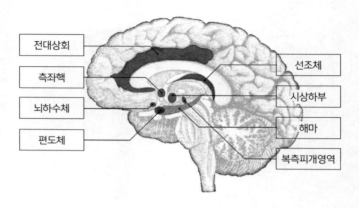

전대상회

측좌핵

뇌하수체

편도체

선조체

시상하부

해마

복측피개영역

그림 15. 대뇌변연계

변연계邊緣系, Limbic System란 한자로 풀어쓰면 주'변'邊에 '연'결된 체'계'라는 뜻입니다. 뇌간의 주변부를 둘러싸고 있는 구조물을 총칭하는 말입니다. 변연계는 먼저 희노애락 등의 감정[32]과 그와 관련된 기억을 관장하는 대뇌 부분입니다. 중독과 관련된 도파민 회로가 여기 있죠. 따라서 측좌핵(쾌감), 해마(감정기억), 그리고 선조체(의식적 학습과 습관) 모두 이 안에 있습니다.

---

32. 동양에서는 기본 감정으로 7정, 희노애락애오욕(喜怒哀樂愛惡慾)을 말한다. 감정 연구의 세계적인 권위자인 폴 에크먼은 사람 얼굴 표정에서 여섯 가지 감정, 행복(happiness, 喜, 樂), 분노(anger, 怒), 슬픔(sadness, 哀), 혐오(disgust, 惡), 놀람(surprise, 驚), 공포(fear, 恐)를 구별할 수 있다고 하며, 여섯 가지 기본 감정을 주장하였다. 이 책에서 필자는 제 감정을 수시로 체크하는 데 7정에 두려울 구(懼)를 더한 '희노애락애오욕구'(喜怒哀樂愛惡慾懼)를 활용하였다.

또 여기에는 쾌감을 주는 도파민 회로와는 반대로 두려움이나 공포 또는 분노를 느끼게 하는 편도체도 있습니다. 이 뇌는 기억의 뇌인 해마에 정보를 전달해 그와 관련된 사건들을 기억하게 하죠. 이것은 후에 유사한 상황이 주어질 때 그 기억들을 꺼내 비교(검색)하며 적절히 대처하기 위해서입니다. 만일 곰의 위험성을 숙지하고 있는데 숲속에서 갑자기 곰을 만나면 어떻게 될까요? 공포감(편도체와 해마) 때문에 생각할 겨를도 없이 필사적으로 도망치려 하거나^{flight} 싸우려 하겠죠^{fight}. 이도 저도 못하는 상황이라면 그 자리에 그냥 꽁꽁 얼어붙게^{freeze} 될 것입니다.

이런 상황에 신속하게 대응하게 하는 스트레스 대응 시스템을 'HPA 축'이라 하는데, 여기에 있는 시상하부(H)와 뇌하수체(P)도 이 변연계에 있습니다. 여기서 나오는 스트레스 호르몬인 아드레날린과 코르티솔이 긴장 상태를 유지하게 하고 상황에 대처할 수 있는 에너지를 계속 공급해 줍니다.[33] 문제는 그 상황이 지속될 때입니다. 예를 들어, 여러 가지 이유에서 곰들이 언제 나올지 모르는 숲속에 계속 살아야 한다고 상상해 보세요. 늘 긴장해야 하겠죠. 이런 상태가 지속

---

33. 스트레스가 발생할 때 먼저 각성 차원에서 '샘'(SAM) 축이 먼저 발동한다. 이는 'Sympathetic(교감)−Adrenal(부신)−Medullary(수질)'의 약어로 여기서 나오는 아드레날린과 노아에피네프린이 각성시키고 운동근육에 있는 에너지를 활용해 일차적으로 세 가지 중에 한 가지가 반응되게 한다. 그러나 그 스트레스가 심하거나 지속될 때는 장기전으로 전환하여 온몸에 있는 비축된 에너지를 계속 끌어다가 공급해 주어야 한다. 이를 가능하게 하는 것이 일명 만성 스트레스 호르몬이라고 불리는 코르티솔이다. 시상하부−뇌하수체−부신피질 (HPA) 축에서 만들어지는 호르몬이다. '샘'보다는 느리게 반응하지만 끝나지 않은 상황에 지속적으로 대처할 수 있다는 점에서는 효과적이다. 그러나 이것은 독(toxic)이다. 만성적일 때는 전인적 건강에 치명적인 부정적 영향을 준다.

되면 코르티솔에 잠겨 살게 되는데, 이때의 코르티솔은 독^{toxic}이 됩니다. 인간이 1시간 정도 계속 화를 낼 때 분비되는 코르티솔의 양은 80명을 죽일 수 있는 독으로 쓰일 수 있다고 합니다.[34]

인체가 받는 스트레스는 그 정도나 지속 기간 등에 따라서 1단계 급성 스트레스, 2단계 만성 스트레스, 3단계 부신의 탈진으로 나누는데, 코르티솔은 2단계부터 몸에 독으로 작용합니다. 이런 상태가 되면 몸의 균형성이 파괴되어 신진대사와 심혈관계, 면역계, 생식계, 중추신경계를 약화시킵니다. 결국 만성피로증후군, 갑상선 기능 저하, 탈진, 감기에 취약, 성욕 저하, 비만, 고혈압, 기억력 저하, 탈모, 피부 건조, 근골격 약화, 암 등 온갖 병을 가져오게 되죠.

네이딘 버크 해리스 박사는 아동학대가 20년이나 수명을 짧게 할 수 있다고 말했습니다. 아동학대는 만성 스트레스이기 때문입니다. 이는 단지 몸의 문제만이 아닙니다. 무기력함, 우울증, 불안장애, 분노, 불면증 등의 온갖 정신질환 증상들도 수반되죠. 결국 중독 물질이나 행위는 이를 달래기 위해 만들어진 생존적 습관이라 할 수 있습니다.

이런 습관은 선조체에서 만들어집니다. 수영, 운전 등 반복을 통해 무의식적으로 하게 되는 행동들은 모두 선조체에서 관장합니다.[35] 좋은 습관이든 나쁜 습관이든 모든 습관들이 여기서 만들어지죠. 그런데 작심삼일이란 말이 있듯이 작은 습관 하나 버리고 새로운 습관

---

34. https://www.donga.com/news/It/article/all/20081013/8642752/1

35. 선조체(corpus striatum)는 운동을 관장하는 영역인데, 기저핵(Basal Ganglia)의 가장 큰 본체로 주로 의식과 관련된 운동근육을 통제하는 뇌신경 부위이다.

하나 길들이기가 얼마나 힘든가요. 단지 의지와 결단을 넘어 끊임없는 반복을 통해 선조체에 그 길이 만들어져야 하기 때문입니다.

습관 중에 가장 끈질긴 습관은 당연히 중독입니다. 끈질긴 이유는 우리 모두가 갈망하는 가장 강력한 쾌감(도파민)이 결부된 습관이라 할 수 있기 때문입니다. 끊기 원한다고 하면서도 여전히 원하는 습관이죠. 거기다 금단증상까지 있다면 정말 싸우기 힘든 습관입니다. 이것이 중독 치료의 도전입니다. 전통적인 중독 치료에서는 '절대 금주'abstinence를 강조하지만 개인적으로는 다른 생각을 가지고 있습니다. 의지를 발동하고 새로운 결심을 하더라도 선조체에서 그보다 더 좋은 습관이 만들어질 때까지 쓰러지고 넘어지기를 반복하게 될 것입니다. 그때마다 느껴지는 좌절과 실패감 그리고 수치심은 오히려 중독적 성향을 더 심화시킬 수 있습니다. 차라리 그때마다 새롭게 깨닫고 배우며 더 효과적인 방법으로 쓰러졌다 일어나기를 반복해야 한다고 생각합니다. 언젠가 새로운 습관으로 대체되는 날까지 스스로를 용서하며 믿음, 소망, 사랑으로 걸어야 할 긴 여정이죠.

변연계에서는 애착과 관련된 전대상회ACC와 뇌섬엽이 있습니다.[36] 이 둘은 안와전두피질과 더불어 애착의 '삼발이'로 애착행동뿐만 아니라 감정(욕구나 욕망) 조절, 사회적 의사소통, 정신화[37] 등에 중요한 역할을 하는 곳으로 알려졌습니다. 일단 여기서는 전대상회

---

36. 이에 대한 자세한 내용은 매튜 리버먼의 《사회적 뇌, 인류 성공의 비밀》 79-87쪽을 읽어 보라. 두 부분을 정확히 말하면 배측전대상피질(dACC:dorsal Anterior Cingulate Cortex)과 전섬엽(AI: anterior insular)이다.

37. 전문용어로 의도적인 마음 상태의 관점에서 사람들의 행동을 인식하고 이해하며 그들이 생각하고 느끼는 것을 상상하는 능력을 말한다.

의 주된 역할을 살펴보겠습니다.

전대상회는 애착에 중요한 뇌입니다. 인간과 같은 포유류(강아지, 쥐 등) 동물들은 어린 새끼가 어미와 분리될 때 공통적으로 분리고통의 발성을 냅니다. 그런데 전대상회를 제거하면 더 이상 그런 발성을 내지 않는다고 합니다. 뇌신경학자들은 우리가 마음으로 보고 느끼는 것은 실제 전대상회피질이라는 화면에 비춰지는 것이라고 합니다. 그래서 신경학적으로 전대상회피질을 마음이라고 합니다.[38] UCLA의 나오미 아이젠버그Naomi Eisenberger 교수의 연구보고서는 '애착 대상'(사랑하는 사람)을 떠올려도 안정애착 뇌가 활성화되면서 통증이 줄어든다고 합니다. 그 애착 대상이 그려지는 부분이 바로 전대상회입니다.

전대상회는 애착이나 관계의 고통뿐만 아니라 신체적 고통도 동시에 감지하는 곳입니다. 뇌의 입장에서는 둘이 구별이 안 된다는 것입니다. 그래서 실연이나 왕따를 당했을 때 몸의 통증을 가라앉히는 타이레놀로 통증을 달랠 수 있다고 합니다(물론 술이나 마약도 일종의 그런 역할을 하는 것이죠). 이것은 앞에서 언급한 병(ILL)은 사랑의 결핍(ILL)이라고 정의 내린 것을 뒷받침하는 증거들입니다.

애착 대상을 떠올리는 것만으로 어떻게 통증이 사라질까요? 전대상회는 가바GABA라고 하는 신경전달물질 수용체가 많은 곳인데 애착 대상을 떠올리면 가바가 더욱 많이 분비됩니다. 이로 인해 긴장이 완화되고 마음의 평안을 갖게 됩니다. 가바는 불안과 우울 등을 억제

---

38. 《뇌, 하나님 설계의 비밀》, p. 64.

하는 이완성 신경전달물질로서 신경세포가 과잉 작용하는 것을 억제하여 불안이나 우울 등 스트레스 신호들이 뇌의 다른 부위에 전달되지 못하게 합니다. 일종의 불안과 우울로 물든 전대상회피질에 스프링클러 같은 역할을 하는 것이죠. 그래서 해외에서는 수면, 불안이나 우울, 강박, 아이들의 ADHD(주의력결핍 및 과잉행동장애) 등을 치료하는 데 활용되고 있습니다.

애착을 말할 때 측좌핵을 빼놓을 수 없습니다. 이 부위에 안정된 애착관계를 형성하는 모성애 호르몬이라는 옥시토신 수용체가 제일 많기 때문입니다. 옥시토신은 위험에 처했을 때 자신의 목숨을 내어놓을 수 있는 사랑과 헌신의 호르몬입니다. 안정된 애착을 위해 양육자의 이런 사랑은 절대적입니다. 뿐만 아니라 선한 사마리아인처럼 타인에 대한 적극적 보살핌도 이 호르몬 덕분이죠. 그럴 때 느끼는 보람과 행복감(쾌감)은 바로 그 아래 있는 도파민 중추인 측좌핵이 있기 때문입니다.

그런데 동물 연구에 따르면 측좌핵의 옥시토신 수용체 밀집도는 어릴 적에 어미의 돌봄을 얼마나 많이 받았느냐에 따라 달라진다고 합니다. 즉 어미의 돌봄을 받지 못하면 측좌핵이 자라지 못하게 된다는 것이죠. 이로 인해 위협과 같은 스트레스에 매우 예민하고 어미가 되어서는 새끼에게 가혹한 어미가 된다고 합니다. 새끼를 보호하기 위한 보금자리를 만들지도 않고 젖도 덜 주니 자연스럽게 새끼 사망률은 높게 됩니다.[39] 이렇게 대를 물리게 되는데 애착이론에서도 애

---

39. 《사회적 뇌, 인류 성공의 비밀》, pp. 238-240.

착의 질은 부모의 애착의 질에 상응한다고 말합니다. 누구의 죄라고 말해야 할까요? 참으로 아프고 슬픈 이야기입니다.

더더구나 애착(관계)의 질, 감정(욕구나 욕망) 조절, 사회적 의사소통, 정신화 등에 결정적인 역할을 하는 변연계 부분들이 영유아기(0-3세)에 80퍼센트나 완성된다는 사실은 우리를 더욱 슬프게 만듭니다. 물론 질풍노도의 시기라는 청소년 때 변연계가 큰 변혁의 시간을 갖습니다. 그러나 그때 건강하게 만들어지기는 매우 힘들죠. 그러니 "세 살 버릇(만으로는 두 살)이 여든 간다"는 말이 맞을 것입니다. 결국 대부분의 사람들은 그때 만들어진 관계와 감정 조절의 질을 반복하며 살아간다고 할 수 있습니다. 이런 생각은 참담하게 들리기까지 합니다. 그러나 그것은 역설적으로 진정한 변화와 성장을 위한 좋은 시작이 될 수도 있다고 생각합니다. 뇌는 시멘트가 아니라 두부같이 물렁물렁한 유기체이기 때문입니다.

대뇌변연계Limbic를 떠나 대뇌피질Cortex로 가기 전에 한 연구 보고의 충고를 가슴에 새겨 봅시다. '아기가 생후 12-18개월이 될 때까지 엄마가 하는 행동 중 95퍼센트 이상은 기쁨의 사랑을 베푸는 것이고, 욕구를 통제하거나 금하는 행동은 5퍼센트에 지나지 않는다.' 뇌의 특성이 인간과 가장 비슷한 오랑우탄은 동물학자들 사이에 '모성애의 화신'으로 알려져 있다고 합니다. 새끼를 키울 때 10년을 돌본 후 비로소 독립시킨다고 하죠. 그 양육 과정과 헌신에 감동을 받은 동물원 사육사들은 종종 '오랑우탄 어미의 육아 장면은 젊은 부모들이 봐야 할 교과서'라고까지 한다고 합니다.[40]

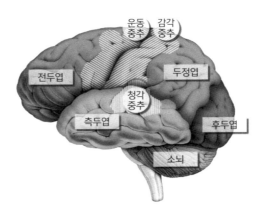

그림 16. 대뇌피질: 절제와 조율의 최고 경영자(CEO)

영유아기에 왕성하게 발달하는 것은 변연계뿐만이 아닙니다. 고도의 정신활동을 담당하는 대뇌 껍질(피질) 부위도 순차적으로 후두엽, 두정엽, 측두엽, 전두엽[41] 순으로 골고루 발달합니다. 이 중에 전두엽은 사고 영역으로, 주로 변연계의 감정을 조절하며 통제하여 내 자신과 내 이웃을 동시에 사랑할 수 있도록 돕는 뇌입니다. 변연계와 전두엽을 비유적으로 말하면 말과 기수라 할 수 있죠. 기수는 말의 욕구와 힘을 잘 활용해 자신의 목적을 이룰 수 있습니다. 기수 없는 말이나 말을 제대로 다룰 줄 모르는 기수를 상상해 본다면 둘의 관계를 쉽게 이해할 수 있을 것입니다.

---

40. https://www.chosun.com/site/data/html_dir/2009/05/15/2009051501307.html
41. 뇌를 공부하다 보면 외래어가 우리말로 번역되는 과정에서 우리말 혼란이 자주 일어난다. 제일 바깥 뇌인 대뇌는 껍질, 즉 피질(皮質, cortex)이 중요한 역할을 하는데 이를 '잎 엽'(葉) 자를 써서 엽이라고도 한다.

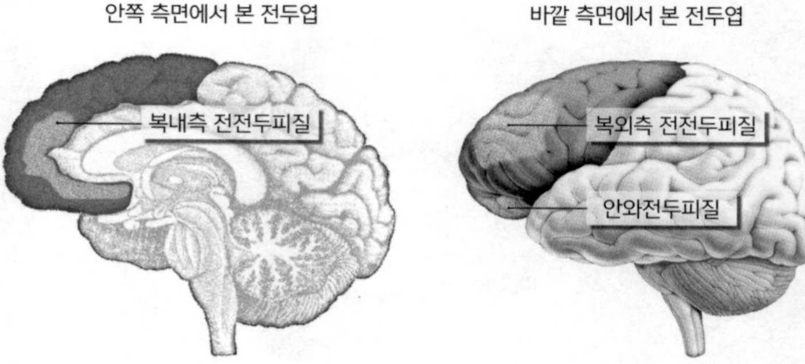

안쪽 측면에서 본 전두엽   바깥 측면에서 본 전두엽

복내측 전전두피질

복외측 전전두피질

안와전두피질

그림 17. 복내측 복외측 전전두피질

전두엽은 크게 아래 그림과 같이 안와전두피질,[42] 복내측 전전두 피질과 복외측 전전두피질로 나누어 생각해 볼 수 있습니다. '외측'外側, '내측'內側이란 말은 위치와 관련된 말이지만 외적인 일인 외면과 마음과 관련된 내면이라는 뜻으로 이해하면 그 기능을 쉽게 숙지할 수 있습니다. 그림에서 보듯이 위치상 복내측 전전두피질과 안와전두 피질은 자기중심적인 욕구, 감정의 변연계와 외부 사이에 적절한 중재 역할을 하는 곳이라 생각해도 좋습니다. 먼저, 만 3세 이전에 거의 완성되는 안와전두피질과 복내측 전전두피질을 살펴보겠습니다.

복내측 전전두피질은 일종의 사회적인 자기 감시탑으로, 자의식과 관련된 자기감에 중요한 역할을 합니다. 또한 마음 읽기 능력과

---

42. 전두엽은 이마 뒤의 대뇌 껍질 부위이고, 안와는 눈 안(眼) 자와 기와 와(窩)로 눈의 위쪽을 기와와 같이 덮고 있는 대뇌의 껍질 부위를 뜻한다. 대략적인 위치를 상상할 수 있을 것이다. 영어로는 OFC라고 하는데 'orbitofrontal cortex'의 약자이다.

도 깊은 관련이 있어 공감, 동정심, 수치심 등의 사회적 감정을 느끼게 하고 상황에 맞는 사회적 정서 반응을 하게 하는 곳입니다. 자기 성찰이나 요즘 유행하는 '메타인지'도 이 부분과 깊은 관계가 있어 배움과 성장의 토대가 되죠. 이 부분이 발달된 사람들은 다른 사람들을 잘 신뢰한다고 합니다.

안와전두피질은 가치에 근거한 의사 결정을 하는 곳으로, 감정과 충동 조절에 중요한 역할을 합니다. 안와전두피질과 복내측 전전두피질은 주로 함께 활성화되는데, 이 두 부위에서 우리는 죄의 자각을 경험하고, 사회적으로 부적절한 행동을 인식하며, 지시를 내려 부적절한 행동을 바로잡습니다. 현재의 뇌 과학 이론으로는 안와전두피질과 복내측 전전두피질이 양심의 부위일 가능성이 가장 크다고 합니다.[43] 이런 사회적 양심 역할을 하는, 그런 점에서 성격 형성에 중요한 역할을 하는 이 부분들이 만 3세 때 거의 완성됩니다.

안와전두피질은 변연계와 가장 근접해 상호작용하며 정서적 안정과 인간관계에 큰 영향을 주는 전두엽입니다. 아기들은 늘 엄마의 얼굴을 주시합니다. 본능적으로 자신을 향한 엄마의 사랑 또는 무관심, 실망의 감정 등을 엄마의 눈빛을 통해 감지할 수 있기 때문입니다. 그렇게 안와전두피질에 전달된 느낌은 몸 구석구석의 세포로 전달되어 장기와 신체 기관에까지 영향을 미치게 되죠. 그 영향력을 상상해 보세요. 그리고 그 반대의 경우도 상상해 보세요.

---

43. 《뇌, 하나님 설계의 비밀》, p. 64.

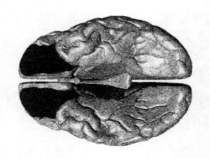

그림 18. 아래서 본 안와전두피질

　아이는 부모에게 애정, 관심, 보호, 친절, 보살핌을 받아야 하고 이런 선물을 받은 몸에는 좋은 기억이 저장되어 있어서 훗날 어른이 되어 자녀에게 그와 똑같은 사랑을 베풀 수 있습니다. 하지만 이런 선물을 전혀 받지 못한다면, 삶에 없어서는 안 될 그 최초의 욕구를 충족하고 싶은 갈망이 '과거의' 그 아이를 평생 떠나지 않게 됩니다.[44]

　조율된 공감적 사랑을 경험하게 될 때 다른 사람의 감정에 공감하고 교감하며 관계를 맺는 법을 습득하게 될 것입니다. 이로 인해 다른 사람들의 가치도 존중하는 사회성이 발달하게 되죠. 사회적 맥락과 가치 안에서 부적절한 반응을 억제하고 도덕적 결정을 내리며 건강한 사회적 일원으로 자라 가게 될 것입니다.

　냉철한 실행자 복외측 전전두피질은 20대 초반이나 돼서야 완성됩니다. 그때까지 안와전두피질과 복내측 전전두피질이 변연계의 감정과 욕망을 통제할 수 있는 주된 역할을 합니다. 반대로 이 부분

---

44. 《폭력의 기억, 사랑을 잃어버린 사람들》, p. 19.

들이 제대로 발달되지 못하면 충동이나 욕망을 자제하는 데 어려움을 겪게 됩니다. 특히 사춘기는 호르몬의 변화로 변연계에 감정의 폭풍이 일어나는 시기인데 안와전두피질이 발달한 아이들일수록 사춘기, 중2병으로부터 자유로워질 수 있습니다. 반면 그렇지 못한 아이들은 이 시기를 말 그대로 폭풍같이 지내며 중독을 포함한 온갖 문제를 떠안게 됩니다.

심리학자들에게 삶의 성공과 가장 밀접하게 관련 있는 특성을 하나만 꼽으라고 한다면, 대부분 '만족감을 뒤로 미루는 능력'을 꼽을 것입니다. 다양한 연구 결과를 종합해 볼 때, 학교 성적과 수능시험 성적은 사회적 성공 여부를 크게 좌우하지 않지만, 타인과 협동하고 감정을 통제하는 능력, 그리고 쾌락을 뒤로 미루고 한 가지 일에 집중하는 능력이 뛰어날수록 사회적 성공에 큰 영향을 미치고 있음을 알 수 있습니다.[45] 따라서 비록 3세 때 완성되지만 먼 미래의 전인적 성공 지표가 될 수 있죠.

만일 안와전두피질과 복내측 전전두피질이 제대로 발달되지 못하거나 손상을 입게 되면 인지 능력에는 큰 결함이 없는 반면, 정서적 결손emotional deficit으로 정서적 불안정과 의사결정에 오류를 범하게 됩니다. 그 결과 충동조절장애, 강박장애, 약물이나 도박 중독, 섭식 행동 이상 등의 문제 행동을 보이게 됩니다. 손상이 심한 경우에는 소시오패스나 사이코패스와 같은 반사회적 성격을 보일 수도 있습니다.

---

45. 미치오 가쿠, 《마음의 미래》, p. 219.

이제 감정과 욕망 통제의 '마지노선'이며, 그리고 마지막에 완성되는(20대 초반) 복외측 전전두피질을 살펴보겠습니다. 이 뇌는 목표 지향적인 뇌입니다. 어떤 목표가 있으면 다양한 정보들을 끌어모아(작업 기억) 곰곰이 생각하게 하고 다양한 가능성을 그려 내며(시뮬레이션) 계산하고 최종적 계획을 세워 집행하게 합니다. 그 일을 이루기 위해 충동을 조절하고 일에만 집중하는 절제력을 제공해 줍니다. 그래서 복외측 전전두피질을 자제력 중추라고도 합니다.[46] 이런 특성이 중독 통제의 '마지노선'이라고 했죠. 여기서 막지 못하면 더 이상 막을 길이 없습니다.

이 뇌는 부정적 정서를 재해석하고 원치 않은 기억을 억제하는 등 정서를 통제하는 데도 중요한 역할을 합니다.[47] 일종의 천장에 매달린 스프링클러와 같죠.[48] 변연계의 공포의 뇌인 편도체와 불안과 경계의 뇌인 전대상회가 비상경보를 울릴 때 차분하게 가라앉히며 이성적으로 생각하게 하고 반응하게 합니다.

예를 들어, 한 청년이 비양심적 상사(안와전두피질과 복내측 전전두피질적 판단)에 매우 분노하며(편도체) 다른 직장을 알아보고 있다고 합시다. 그러다가 "그래도" 하면서 그 직장의 좋은 여러 면을 떠올리며 "다른 직장에 가도 그런 사람이 없으리라는 보장도 없지" 하며 자신을 진정시키고 합리적인 판단을 합니다. 이것이 복외측 전전두피질이 하는 역할입니다. 그래서 이 부분이 잘 발달하면 불안, 우울, 또

---

46. 《사회적 뇌, 인류 성공의 비밀》, p. 312.
47. http://dongascience.donga.com/news.php?idx=35104
48. 전대상회로의 부정적 감정들을 합리적으로 가라앉힌다.

는 분노의 감정도 잘 조절할 수 있습니다.

그런데 이런 자기절제의 중추인 복외측 전전두피질도 안와전두피질과 복내측 전전두피질의 발달과 함께 이루어집니다. 복외측 전전두피질이 잘 발달했다는 것은 안와전두피질과 복내측 전전두피질이 잘 발달했다는 것을 의미합니다. 그 반대도 사실이고요. 다시 한번 3세의 영향력에 대해 실감하게 됩니다. 결국 영유아기에 '조건 없는 사랑'의 부재, 다시 말해 아동학대는 변연계에 중독적 욕망을 부추기게 만듭니다. 그리고 그 충동을 제어할 수 있는 첫 번째 방어선인 안와전두피질과 복내측 전전두피질은 물론 마지노선인 복외측 전전두피질이 제 역할을 하지 못하게 만들어 중독에 취약한 상태가 되게 합니다.

아동학대를 경험한 아이들의 뇌와 정상적인 아이들의 뇌를 비교하면, 변연계 영역에 부정적 기억의 뇌인 해마, 공포와 분노의 뇌인 편도체, 위험을 감지하고 도피하도록 만드는 전대상회의 뚜렷한 손상과 형태 변화를 보입니다. 이로 인해 신경증적 증세와 충동 조절에 문제가 생겨 중독에 취약하게 됩니다.[49]

게임 중독 치유 기관인 "게임과 몰입 힐링센터"의 자료에 따르면, 게임 중독자의 88.5퍼센트가 ADHD, 우울증, 조울병, 불안장애, 아스퍼거장애 등의 공존질환을 가지고 있다고 합니다.[50] 이는 뇌의 구조적 취약성으로 충동이나 정서 조절이 어렵기 때문입니다.

---

49. 도모다 아케미, 《아동학대와 상처받은 뇌》, pp. 53-78.
50. https://health.chosun.com/site/data/html_dir/2019/06/14/2019061400027.html

뇌의 형태로 증상을 진단하는 세계적인 권위자인 대니얼 G. 에이멘Daniel G. Amen 박사는 불안장애와 우울장애의 기저가 되는 뇌 시스템을 다음과 같이 말합니다.

> 기저핵에 문제가 생기면 불안이 나타난다.
> 심층변연계에 문제가 생기면 우울증에 걸린다.
> 전대상회에 문제가 생기면 걱정이 많아진다.
> 측두엽에 문제가 생기면 이유 없이 두려워진다.
> 전전두엽에 문제가 생기면 충동을 조절하기 어렵다.[51]

불안장애와 우울장애 같은 공존질환으로 중독에 빠졌는지, 아니면 중독으로 공존질환을 갖게 되었는지, 또는 양자의 공모인지의 문제는 '닭이 먼저냐 계란이 먼저냐의 문제'일 것입니다. 그러나 우리가 앞에서 살펴본 ACE 연구에 따르면 이는 뇌의 문제로 영유아기의 '조건 없는 사랑'의 부재와 아동학대에 근거를 두고 있습니다.

중독은 관계적 기쁨의 부재로 인한 신음소리, 즉 '분리고통의 발성'입니다. 중독의 반대말은 단지 맑은 정신이 아니라 관계, 정확히 말하면 친밀함이라고 앞서 이야기하였습니다. 인간이 서로 친밀하게 결속되고 싶은 욕구는 자연스럽고 본능적인 것입니다. 행복하고 건강할 때란 서로 결속되고 연결되어 있을 때니까요. 하지만 부정적 아동기 경험으로 인해 친밀한 관계를 갖지 못할 경우, 안도감을 찾기

---

51. 대니얼 G. 에이멘 & 리사 C. 루스, 《불안과 우울로부터의 힐링》, p. 24.

위해 잘못된 것을 갈구하게 됩니다.

중독의 치유와 회복은 단지 의지와 노력의 문제가 아닙니다. 뇌의 구조나 형태, 그리고 그 활동과도 깊은 관계가 있죠. 그래서 우리는 뇌에 대한 이해와 통찰, 그와 관련된 치료적 접근도 함께해야 합니다.

치유와 회복

뇌와 마음 그리고 삶은 상상을 초월할 정도로
밀접한 관계를 가지고 있습니다. 중독은 마음과
영적인 문제이며 동시에 뇌의 문제이기도 합니다.

'누구도 섬이 아니다'라는 존 던의 시구가 있습니다. 인간은 고립된 존재, 고도孤島가 아니라는 것입니다. 그것은 오히려 비정상적이고 병적 상태라는 것이죠. 인간人間[1]은 본래 관계하고 어울리는 존재로 그러할 때에 가장 많이 웃고 행복해합니다. 인간다움이라 하지요. 그런데 어떻게 해서 '고도'가 되는 걸까요? 두려움 때문입니다. 관계적 기쁨이 있어야 할 자리에 관계적 두려움이 자리했기 때문이라고 생각합니다. 두려움이 자리하면 방어적이 되고 담을 쌓게 됩니다. 이 과정은 이웃은 물론 자기 자신과도 담을 쌓게 만듭니다. 그 결과는 자연스럽게 단절과 고립 그리고 고통이겠죠. 《담》[2]이라는 책이 이를 극적으로 잘 보여 줍니다.

주인공은 사람들로부터 오는 두려움을 벗어나려 본능적으로 담을 쌓기 시작하다가 결국은 자신에 갇힌 고도가 되고 맙니다. 그러던 어느 날 더 이상 견딜 수 없는 외로움과 고독 속에 울부짖기 시작합니다. 중독 전문용어로 말하면 '바닥치기'를 경험하고 있는 것이죠. 중독 치료의 시작은 이렇게 진솔하게 자신의 모습을 직면하고 자신을 위해 도움을 청하는 데서 시작됩니다. 그리고 치유와 회복 과정은 하나님과 더불어 상처받은 자아와 자연을 비롯한 모든 이웃과 재결합reconnection하는 긴 과정이라 할 수 있습니다. 중독은 궁극적으로 영적 문제라는 이야기를 종종 듣습니다. 종교religion라는 단어는 라틴어 '레리가레'religare에서 왔는데, 이는 '다시're와 '묶는다'ligare의 합성어로 '다시 연결한다' 또는 '재결합한다'는 뜻입니다. 이 과정을 통해 영혼이 회복될 때 상대적으로 중독은 그 힘을 잃게 됩니다. 중독의 치유와 회복은 이러한 재결합의 긴 과정입니다.[3]

---

1. 사람 '인'(人) 자는 걷는 인간의 외적 특징을 그렸다는 의견도 있고 서로 기대고 의지하는 사회적 속성을 묘사했다는 의견도 있다. 그러나 인간 이라는 단어의 사이 '간'(間)을 생각하면 후자의 뜻으로 좀 더 기우는 듯 싶다. 인간은 본질적으로 '사이적 존재'(in-between being)라고 생각한 다. 고립이나 혼자는 인간에게 자연스러움이 아니다. 비정상적인 병적 인 상태라 할 수 있다. 그래서 '독방'은 인간에게 내릴 수 있는 가장 끔 찍한 형벌 중에 하나가 아닐까 한다. 사회적 고립은 스스로 만든 독방 이라 할 수 있다.
2. 글로리아 제이 에번스(Gloria Jay Evans)의 저서.
3. 토마스 무어의 《영혼의 돌봄》 머리말 중에서. 20세기의 큰 병은 영혼의 상실로서 그것은 강박관념이나 중독 증세, 폭력 그리고 의미의 상실 등 으로 나타난다고 한다. 현대인들은 지나치게 오락과 권력, 성적 만족, 물질적인 것들을 동경하는데, 영혼이 없이는 무엇을 찾아도 만족스럽 지 못하게 된다고 한다. 중독 치유와 회복을 생각하면 "당신께서 우리 를 지으실 때, 당신을 향하여 살도록 창조하셨기에 당신 안에서 쉴 때 까지 우리 마음이 쉴 수 없습니다"라고 한 한때 중독자였던 어거스틴의 말을 되새겨 보자.

1

불완전함의 영성

사막 교부인 에바그리우스 폰티쿠스는 "만약 네가 하나님을 알고 싶으면 먼저 너 자신에 대하여 알도록 하라"고 말했습니다. 칼뱅도 《기독교 강요》 첫 장을 자신을 알지 못하고는 하나님을 알지 못하고, 하나님을 알지 못하고는 자신을 알지 못한다는 주제로 시작합니다. 서로 연결되어 있어 어느 것이 먼저라고 말하기 어렵지만 "자신을 알지 못하고는 하나님을 알지 못하고…"로 시작된 것을 보면 자신에 대한 정확한 인식이 시작인 것 같습니다.

우리는 어떤 존재일까요?

'익명의 알코올 중독자 모임'(이후 A.A.라고 표기함)에 참석하는 사람들의 인생지침서인 《불완전함의 영성》이라는 책에서 "인간은 누구나 불완전한 존재다. 스스로 완전하다고 생각하는 순간, 인간의 가장 비극적인 실수는 시작된다"고 말합니다.

인간은 불완전한 존재로, 본질적으로 양면성을 가지고 있습니다. 로마의 야누스 신화나 스티븐슨의 《지킬 박사와 하이드 씨》를 꺼내지 않더라도, 생물학적으로 쉽게 이해할 수 있는 진리입니다. 생체 호르몬, 즉 흥분과 억제 호르몬이라는 양극단 사이에서 살아 숨을 쉬고 움직입니다. 잠이 들려면 편안하게 이완시켜 주는 억제 호르몬이 활성화되어야 합니다. 반대로 하루를 시작하려면 흥분 호르몬이 활성화되어야 하죠. 우리는 끊임없이 이 둘 사이를 오가며 살아갑니다. 박경리 선생은 〈모순〉이라는 시에서 이렇게 표현합니다.

> 물은 어떠한 불도 다 꺼 버리고/ 불은 어떠한 물도 다 말려 버린다/ 절대적 이 상극의 틈새에서/ 절대적인 이 상극으로 말미암아/ 생명들이 살아 숨 쉬고 있다는 것은/ 그 얼마나 절묘한 질서인가

여기서 물과 불은 억제 호르몬과 흥분 호르몬은 물론, 인간과 인생 자체를 은유적으로 의미한다고 할 수 있습니다. 인생에는 부조리와 혼돈, 어둠, 고통이 존재할 수밖에 없음을 인정하면서도, 부조리 속에서 의미를 찾고, 혼돈 속에서 평화를 구하며, 어둠과 고통 가운데서 빛과 기쁨을 찾는 인간의 모습을 볼 수 있지요. "인간은 누구나 불완전한 존재다"라는 말은 바로 이 상극의 긴장 속에서 끊임없이 움직여야 하는 인간의 실존적 모습을 말한 것입니다. 어니스트 커츠와 캐서린 케첨은 이를 불완전함의 영성이라 표현하는데, 이 '불완전함의 영성'은 고통의 불가피성을 말하면서도 그 고통 속에서 치유가 가능하다는 것을 함께 말하고 있습니다.[4]

이 불완전함의 영성은 종교개혁자 마르틴 루터의 "그리스도인은 의인이며 동시에 죄인"이라고 한 말에 나타납니다. 어떻게 이보다 더

정확하게 그리스도인의 정체성을 묘사할 수 있을까요? 이는 양립할 수 없는 두 단어인 의인과 죄인을 사용하여, '절묘한 질서' 가운데 각 단어의 의미를 초월해 실존적實存的[5] 진리를 역설적으로 보여 줍니다.

상반된 두 개의 가치가 어울려 모순이 될 수도 있고 역설이 될 수도 있습니다. 예를 들어 '네모난 원'은 모순이지만, '거룩한 죄인'은 역설이죠. 역설은 표면적으로 모순이지만, 더할 나위 없는 진실을 선포합니다. 모순은 비현실적이지만, 역설은 현실을 정확히 보여 줍니다. 불완전함의 영성이란 이 역설을 인지하고 받아들이며 견뎌 내는 것입니다. 성인과 죄인 양쪽 중 하나가 아닌 양쪽 모두라는 인간의 상태를 이해하고 받아들여야 한다는 것입니다. 양쪽 중 하나, 이것 아니면 저것이어야 한다는 강요는 역설을 뿌리치고 따라서 영성을 부정하게 된다는 것입니다.[6]

인간은 본질적으로 이런 역설을 품고 사는 불완전한 존재입니다. 이를 이해하고 받아들이며 사는 것이 불완전함의 영성의 골갱이죠. 이를 부인하는 것은 자신이 인간임을 부인하는 것입니다. 이는 실존으로의 부름이요, 모든 영성의 시작인 정직함과 겸손의 부름이기도 합니다.

기쁨과 슬픔, 행복과 불행은 동전의 양면과 같습니다. 제 아무리 기쁨과 행복만을 추구해도 슬픔과 고통은 그림자같이 늘 동행하게

---

4. 어니스트 커츠(Ernest Kurtz)와 캐서린 케첨(Katherine Ketcham), 《불완전함의 영성》, p. 14.
5. 실존이란 개념이나 이론을 떠나 경험적, 임상적, 실재적, 현실적이라는 말로 대치할 수 있다.
6. 《불완전함의 영성》, p. 121.

되어 있습니다. 그러나 중독자들은 오로지 기쁨이 전부이고, 슬픔과 아픔은 현실이 아니라고 부정합니다. 견디고 성숙해야 할 때 오히려 부정하고 통제하며 회피하려 하죠. 그로 인한 대가가 온갖 신경증과 중독이라 할 수 있습니다. 양면성을 끌어안는 참된 영성만이 우리 자신을 발견하고 우리 자신과 재결합되는 과정인데 말이죠.

A.A. 모임은 늘 〈평온을 구하는 기도문〉Serenity Prayer으로 시작합니다. "하나님, 바꿀 수 없는 것은 받아들이는(accepting) 평온을, 바꿀 수 있는 것은 바꾸는 용기를, 그리고 그 차이를 구별하는 지혜를 주옵소서(grant). … 죄로 물든 세상을 내 뜻대로가 아니라 예수님처럼 있는 그대로 받아들이고(accepting), 주님 뜻에 맡기는 동안 주님께서 모든 것을 바로 세우실 것임을 신뢰케 하소서"[7]로 되어 있습니다. 이는 모두 신의 행세를 그만두고, 있는 그대로 받아들이게 (accepting) 해달라는 기도문입니다.

예수께서 하신 '알곡과 가라지의 비유'에서 종들이 주인에게 "독보리를 뽑아 버릴까요?"라고 물었을 때 주인은 "아니다. 독보리를 뽑다가 밀까지 뽑을까 걱정된다. 추수 때까지 둘 다 함께 자라도록 그냥 두어라. 추수 때에 내가 추수꾼들에게 먼저 독보리를 뽑아 단으로 묶어서 불태워 버리고 밀은 내 곳간에 모아들이게 하겠다"(마 13:25-30 참조)라고 말합니다. 내 뜻대로 되지 않는 삶을 제거하려 애쓰지 말고 주님이 바로 세우실 때까지 있는 그대로 받아들이고 더불어 살라는

---

7. "taking, as Jesus did, this sinful world as it is, not as I would have it; trusting that You will make all things right if I surrender to Your will"

것입니다. 중독 치유전문가로서 오랫동안 일해 오며 얻은 가장 축복된 경험을 말하라 하면 저는 주저 없이 받아들임^{accepting}이라고 말합니다. 모든 문제는 받아들여야 할 것을 받아들이지 못하는 끊임없는 조종과 통제에서 오는 것이죠.

그러나 통제 중독인 중독자들에게는 정말 어려운 요구입니다. 그들에게 통제를 내려놓는다는 것은 거의 죽음과 같습니다. '내려놓는다, 내려놓는다' 하면서도 끝까지 통제하려고 합니다. 그러면 그럴수록 더 큰 비참함에 빠지는 자기 자신을 바라보며 하나님께 맡기는 것만이 유일한 희망이란 간절한 기도를 드리게 됩니다. 귀신 들려 고통당하는 아들을 바라보면서도 아무런 도움도 줄 수 없는 아버지가 예수님께 도움을 간청했을 때 "믿는 자에게는 능히 하지 못할 일이 없느니라"라는 말을 듣게 됩니다. 그 순간 아버지가 소리를 질러 이르되 "내가 믿나이다 나의 믿음 없는 것을 도와주소서"(막 9:23-24)라고 간청합니다. 이 간청은 중독자들의 마음의 외침이기도 하죠. 인간이 찢어진 자아를 받아들이고 또한 찢어진 감정을 느끼는 것도 잘못된 일이 아니라는 사실을 인정할 때에야, 무엇이든 자신에게 가능한 치유를 바라게 되고 따라서 최대한 온전해지게 되는 것입니다.⁸

'불완전함의 영성'은 기독교 신앙의 신학적 터전을 닦은 사도 바울의 영성이기도 합니다. 사도 바울은 누구보다도 헌신적이며 비범한 영적 능력을 소유한 사도였습니다. 그러나 육체의 가시를 제거해 달라는 그의 간절한 기도는 계속 거절당합니다. 그런 과정에 그가 받

---

8. 《불완전함의 영성》, p. 119.

은 계시는 "내 은혜가 네게 족하도다 이는 내 능력이 약한 데서 온 전하여짐이라"(고후 12:9a)였습니다. 그 후 그는 도리어 약점을 크게 기뻐하고 나아가 자랑하기까지 하는데 그 이유에 대해서 "이는 그리스도의 능력이 내게 머물게 하려 함이라"(고후 12:9b)라고 말합니다.

> "신은 상처를 통과해 온다." 종교에서는 '죄'[sin]라고 낙인찍고, 심리치료는 '질병'[sickness]이라 부르고, 철학자들은 '오류'[errors]라고 부르는 우리의 불완전함이야말로 우리를 실재에 더 가깝게 이르게 한다. 아무리 부인하려 해도 우리에게는 통제권이 없다는 점을 깨닫는 가운데 우리는 어쩔 수 없이 그러나 기쁜 마음으로 '신'께 가까이 다가간다.[9]

A.A. 회원들은 만날 때마다 12단계를 반복하며 확인합니다. 이 중 첫 7단계는 모두 신의 도움(은혜)에 절대적으로 의존합니다. 앞에서 언급한 바와 같이 아들의 고통을 해결해 줄 수 없는 무기력한 아빠가 절박한 마음으로 예수님께 도움을 간청하는 자세로 접근합니다.

> 1단계: 우리는 알코올에 무력했으며, 우리의 삶을 수습할 수 없게 되었다는 것을 시인했다.
> 2단계: 우리보다 위대하신 힘이 우리를 본 정신으로 돌아오게 해 주실 수 있다는 것을 믿게 되었다.

---

9. 앞의 책, p. 61.

3단계: 우리가 이해하게 된 대로, 그 신의 돌보심에 우리의 의지와 생명을 맡기기로 결정했다.

4단계: 철저하고 두려움 없이 우리 자신에 대한 도덕적 검토를 했다.

5단계: 우리의 잘못에 대한 정확한 본질을 신과 자신에게, 그리고 다른 어떤 사람에게 시인했다.

6단계: 신께서 이러한 모든 성격상 결점을 제거해 주시도록 완전히 준비했다.

7단계: 겸손하게 신께서 우리의 단점을 없애 주시기를 간청했다.

이런 자세는 '오직 믿음'이란 개신교의 '이신칭의'以信稱義 교리와 유사합니다. 중독 치유는 쓰러지고 일어나는 긴 과정입니다. 낙심하지 않고 이 긴 과정을 걸으려면 오직 믿음에 근거한 하나님의 은혜에 절대적으로 의존해야 합니다. 만일 실패했다면 다시 내가 신처럼 행동했기 때문일 것입니다. 중독 치유와 회복은 이런 불완전한 자기와의 끊임없는 만남과 하나님의 은혜를 더 깊이 경험하는 긴 과정이라 할 수 있습니다. 성화 과정과 같이 오직 믿음으로 임하는 은혜로만 가능한 기적입니다(A.A. 모임에서는 실제로 치유를 기적으로 부릅니다).

복음에는 하나님의 의가 나타나서 믿음으로 믿음에 이르게 하나니 기록된 바 오직 의인은 믿음으로 말미암아 살리라_롬 1:17

A.A. 모임에서는 중독에서 온전히 치유되는 것을 자유라는 말 대

신 놓임 또는 해방release이라고 합니다. 자유는 투쟁으로 얻는 것이지만 해방은 주어진 선물gift인데, 이 모임을 통해 치유된 사람들은 그것이 주어진 선물, 오직 은혜grace의 결과물임을 몸소 체득했기에 놓임 또는 해방이란 단어를 선호합니다. 사도 바울은 그의 마지막 여정에 "…내가 나 된 것은 하나님의 은혜로 된 것이니 … 내가 모든 사도보다 더 많이 수고하였으나 내가 한 것이 아니요 오직 나와 함께 하신 하나님의 은혜로라"(고전 15:9-10)라고 고백합니다. 중독에서 치유된 사람들은 이와 같이 은혜에 놀란 사람들입니다. 취기에서 벗어나 맑은 정신sober mind10으로 삶을 되돌아보면 은혜가 아니고는 자신의 삶을 설명할 수 없기 때문입니다. 또한 치유의 기적 자체도 "은혜가 아니면"11 달리 설명할 길이 없기 때문이기도 하죠. 이런 깊은 깨달음은 자연스럽게 "범사에 감사하라"고 하신 사도 바울의 말씀처럼 감사의 삶으로 이어집니다.

우리말 '감사'로 해석되는 영어는 잘 알고 있는 'thank' 말고도 'gratitude'와 'appreciation'도 있습니다. 이 중 'gratitude'는 라틴어 'gratia'(은혜)와 'aptus'(태도)에 뿌리를 둔 것으로 모든 것을 은혜로 보는 태도에서 나오는 감사를 뜻합니다.12 이는 결국 모든 것과 의미

---

10. '소버 마인드'는 술에 취하지 않은 맑은 정신을 뜻하는 것으로 알코올 중독과 관련된 전문 용어이다. 그러나 대부분의 사람들은 무엇에 취해 살고 있다. 깨어 있는 마음, 소버 마인드는 깨달은 마음으로 결코 쉽지 않은 정신 상태이다.
11. 서선주 씨의 노래 제목이다. 첫 절은 "은혜가 아니면 나 어찌 살리요/ 은혜가 아니면 나 어찌 서리요/ 은혜 아니면 나 어찌 가리요/ 은혜가 아니면 나 어찌 말하리"로 되어 있다.
12. 영어로는 '그레이스 애티튜드'(grace attitude)이다. 라틴어 앱투스(aptus)는 '준비' 혹은 '지향성'을 뜻하는 말로서 적극적으로 무엇인가를 할 준비 태세를 의미한다.

있게 재연결reconnection하게 하며 그 안에 새로운 가치를 음미하고 감사, 즉 'appreciation'에 이르게 합니다. 더 나아가 동병상련의 마음으로 고통받는 동료들과 함께하며 의미 있게 자신을 헌신합니다. 이것이 12단계의 마지막 과정입니다.

> 12단계: 이러한 단계들의 결과, 우리는 영적으로 각성되었고, 알코올 중독자들에게 이 메시지를 전하려고 노력했으며, 우리 일상의 모든 면에서도 이러한 원칙을 실천하려고 했다.

미국 중독 치유 센터에서 일할 때, 그곳에서 회복자로서 자원봉사하는 분들의 순수하고 헌신된 모습을 보고 제 자신을 부끄럽게 느낀 적이 있었습니다. 제 상관인 슈퍼바이저supervisor(감독관)에게 그 마음을 나눈 적이 있었죠. 그곳에서 근 20년을 일한 그가 미소 지으며 "중독에서 해방되는 길은 미친 사람insanity이 건강한 사람sanity이 되는 과정이지만 종종 어떤 사람은 성자saint가 되기도 하지"라고 한 말씀은 지금까지도 중독자들을 존중하게 되는 계기가 되었습니다. UCLA의 중독 전문 연구진들 가운데는 한때 중독자였다가 자신의 중독 해방 경험을 바탕으로 중독 치유와 연구에 헌신하는 분들도 있습니다.

궁극적으로 'gratitude'로 모든 것과 자연스럽게 재결합되는 과정이고 삶의 새로운 의미를 발견하는 'appreciation'의 길이기도 합니다. 그리고 고통받는 자들과 함께하는 자신에 대한 새로운 가치를 발견하는 기쁨의 길이기도 합니다.

2

재결합

뇌와의 재결합

대부분의 사람들은 자신의 중추中樞인 뇌에 대한 무지로 뇌와 단절된 상태에서 무의식적으로 지배를 받으며 살아갑니다. 이와 반대로 뇌를 잘 이해하고 자신의 손과 발처럼 활용하여 의도하는 바에 따라 주도적으로 살아갈 수도 있습니다. 전자를 뇌가 주인 행세를 하는 수동적 자세라고 한다면 후자는 내가 주인이 되어 뇌를 다스리며 유용하게 활용하는 적극적인 자세라 할 수 있습니다. 특히 중독자의 경우는 이미 손상된 뇌를 가지고 있기에 후자의 태도가 필요합니다. 뇌를 잘 이해하고 뇌와 재연결되어 적절히 돌보고 훈련을 시켜야 합니다. 다시 말해 뇌를 균형 있게 발전시키며 각 부분이 조화롭고 아름다운 소리를 낼 수 있는 오케스트라의 연주가 될 수 있도록 해야 합니다.

선good의 어원은 '어울리고 연합하고 조화를 이루는 것'입니다. 이

럴 때 우리는 좋은 감정을 느끼게 되는데 이는 중독 치유와 회복의
핵심적인 부분입니다.

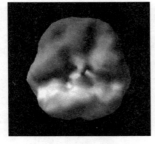 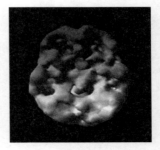

a. 건강한 뇌의 SPECT 이미지   b. 중독 뇌의 SPECT 이미지

그림 19. 건강한 뇌와 중독 뇌의 SPECT 이미지[13]

    그림 19는 정상인(a)과 행위 중독자(b)의 뇌를 아래서 위로 본
SPECT 이미지[14]입니다. 물론 마약이나 알코올 중독자의 뇌도 행위
중독자의 뇌와 거의 유사합니다. 우리는 행위 중독과 물질 중독으로
나누지만 뇌에는 별 차이가 없습니다. 중독자의 뇌는 뇌의 본능적 욕
구나 감정 회로(측좌핵 및 심층 변연계)가 지배적인 반면 자기 통제 회
로(전전두엽)가 제대로 작동하지 않고 있죠. 이런 뇌를 가진 사람은

---

13. https://www.amenclinics.com/conditions/behavioral-addictions/
14. SPECT은 'single photon emission computed tomography'의 축어로 우리나라 말
도 "단일광자컴퓨터단층촬영"이다. 핵 의료기로 광양자를 활용하여 뇌의 혈류량과 활
성화 정도를 측정한 후 컴퓨터로 조작하여 위와 같은 뇌 이미지를 보여 준다. 기본적으
로 뇌의 건강한 활동, 너무 적은 활동 또는 너무 많은 활동의 세 가지를 보여 준다. 이
그림에서 구멍이 난 것처럼 보이는 곳은 모두 부피나 활동이 지나치게 감소된 것이다.
이는 아래 사이트에 인용한 것이다. https://www.amenclinics.com/conditions/
behavioral-addictions

충동 조절이 어려워 중독에 취약할 수밖에 없습니다. 아동학대를 받고 자란 아이들이나 성인들은 물론 불안과 우울증을 앓고 있는 환자들도 유사한 뇌의 형태를 가지고 있습니다.

뇌의 이런 부조화적인 불협화음으로 인해 각종 신경증 증세를 갖게 되는데 중독은 이를 달래기 위한 수단이라 할 수 있습니다. 뇌는 살아 있는 유기체입니다. 따라서 어느 정도 한계는 있지만 의도적으로 변화를 만들어 낼 수 있습니다. 이를 신경가소성^{神經可塑性}, neuro-plasticity이라 합니다. 만일 뇌가 변하지 않는다면 훈련을 통한 새로운 학습이나 습관의 변화는 불가능하고 각종 교육도 의미가 없겠죠. 문제는 어떻게 뇌를 변화시킬 수 있느냐는 것입니다.

먼저 뇌 구조를 잘 이해해야 합니다. 두려움이나 분노를 느끼고 도망가거나 공격하고 싶다면 편도체가 활성화된 상태이고, 불안하고 강박적이면 중간전전두엽에 속한 전대상회가 지나치게 활성화된 것입니다. 만일 유혹과 중독적 갈망을 느낀다면 당연히 도파민의 중추인 측좌핵이 활성화된 상태입니다. 지금 그 중독적 갈망과 싸우고 있다면 중간전전두엽(통제회로)과 변연계(중독 갈망), 좀 더 구체적으로 말하면 양심의 뇌인 안와전두피질과 복내측 전전두피질(통제회로)이 측좌핵(중독 갈망)과 전쟁 중에 있는 것이죠. 만일 갈망을 극복했다면 양심의 뇌인 중간전전두엽에서 나오는 신경전달물질이 측좌핵에서 나오는 도파민보다 더 많았기 때문입니다.

중간전전두엽 활성화

중간전전두엽^{Middle Prefrontal Cortex} 집중 훈련은 UCLA 정신의학과 최고 권위자 대니얼 시겔^{Daniel Siegel} 박사가 뇌를 조절하는 방법으로 개발한 것입니다. 그는 복외측 전전두피질, 복내측 전전두피질, 안와전두피질, 그리고 전대상회피질을 합쳐 중간전전두엽이라 부릅니다. 위치상 미간 사이라고 볼 수 있습니다.

이 중간전전두엽은 뇌의 최고경영자^{CEO}로 뇌의 모든 부분들을 조율하는 오케스트라의 지휘자와 같은 역할을 합니다. 이곳은 뇌간, 변연계, 그리고 대뇌 피질의 병목점으로 정보가 집결되며 최종적으로 통합·처리되는 곳입니다. 대니얼 시겔 교수는 실제로 이 집중 훈련이 스트레스와 관련된 신체 조절, 공감적으로 조율된 의사소통, 균형 잡힌 감정, 초연함과 평안 등을 향상시킨다는 것을 임상학적으로 확인했습니다.

저는 중독 환자들에게 중독 자극이나 갈망이 일어날 때 중간전전두엽에 집중하면서 영적 이미지를 그리고, 서로 소통하고 조율하게 합니다. 개인적으로 중독 환자들을 치료할 때 가장 큰 효과를 경험한 것 중에 하나입니다. 이것이 뇌와 재연결되어 뇌의 주인이 되어 가는 과정입니다.

때로는 중독을 성격이나 마음 문제보다 단순히 뇌 문제로 보게 할 때 도움이 되는 경우도 많습니다. 중독 공존[15]에서 회복 중에 있는 자매가 몇 년에 한 번씩 재발하여 찾아옵니다. 그때마다 자매는 "목사님, 죄송해요. 제가 또 그랬어요. 저는 희망이 없는 아이 같아요"

라고 자학적으로 말하곤 하죠. 자학은 중독 회복에 아무런 도움이 안 됩니다. 그럴 때마다 "뇌가 아파서 그런 거야", "뇌가 문제야"라고 말해 주며 "뇌 이상異狀이 더한 곳에 은혜가 넘치나니"라는 말로 초점을 바꾸어 줍니다. "아, 그렇군요" 하며 비교적 쉽게 다시 회복 과정으로 들어갑니다. 마지막 말은 "죄가 더한 곳에 은혜가 더욱 넘쳤나니"(롬 5:20)란 말씀을 패러디한 것이죠. 이렇게 자매는 중간전전두엽 집중 훈련을 통해 회복의 과정을 걸어가고 있습니다.

반대로 제대로 발달하지 못하거나 비활성화가 될 때 뇌의 여러 부위들이 각자 따로 활동해 불협화음의 오케스트라와 같이 된다는 것도 확인했습니다.

통합의 뇌	분열의 뇌
정서적 조화와 웰빙	정서적 부조화와 불행감
신체적 조화와 웰빙	신체적 부조화와 질환
관계적 조화와 웰빙	관계적 부조화와 갈등

표 3. 통합의 뇌와 분열의 뇌

중간전전두엽이 제대로 활성화되지 않을 때 표 3과 같이 분열의 뇌가 됩니다. 분열의 뇌는 모든 것을 이분법적, 즉 흑백논리로 보는 것입니다. 그러나 세상은 그렇게 선명하게 이분법적으로 나누어지지

---

15. 여러 중독이 동시다발적인 경우를 말하는데, 대부분의 중독자들은 실제로 중독 공존이다. 이 자매의 경우는 섭식장애, 알코올 중독, 동반의존, 외모 중독 등 다양한 중독을 함께 가지고 있었다.

않죠. 시인은 창공에 자신의 머리를 밀어 넣으려고 한다면, 논리학자들은 자신의 머릿속에 하늘을 밀어 넣으려고 애쓰다 결국 분열되는 것은 바로 그들의 두뇌라고 합니다. 그들은 자신들의 논리 공식에 맞추어 모든 것을 수학적이고 규칙적으로 통제하려 합니다. 이것은 중독자들의 모습이기도 합니다.[16]

예수께서 겟세마네 동산에서 기도하시다가 최종적으로 이르시되 "아버지여 만일 아버지의 뜻이거든 이 잔을 내게서 옮기시옵소서 그러나 내 원대로 마시옵고 아버지의 원대로 되기를 원하나이다"(눅 22:42)라고 고백하십니다. 믿음은 "모든 것이 합력해서 선을 이룰 것"이라는 믿음을 가지고 그 모호성을 끝까지 걸어가는 역설입니다. 예수님은 그 믿음의 길을 걸으셨죠. 시인처럼 창공에 자신의 머리를 밀어 넣으셨습니다. 그리고 그 순종의 길은 인류에 놀라운 축복을 가져왔습니다.

모든 것이 분명하고 선명하게 통제돼야 하는 현대인들에게 모호성은 신경증과 중독 성격의 온상이 될 수 있다 했습니다. 그 치유의 시작은 분열, 강박의 뇌를 먼저 재연결하고 통합하는 것입니다. 그중에 하나가 중간전전두엽 집중 훈련입니다.

중간전전두엽에 집중하면 그곳에 혈류의 흐름이 왕성하게 되고 활성화된다는 원리입니다. 실제로 중간전전두엽 위치에 집중을 하면 그 부위가 조금씩 따뜻해지고 묵직한 느낌이 듭니다. 당연히 혈류의 흐름이 좋으면 영양분과 산소 공급이 원활하게 되죠. 이로 인해 긍정

---

16. 《오소독시》, p. 30.

적인 감정이 활성화되고 상대적으로 부정적인 감정이 줄어듭니다.[17] 그리고 마음을 평온하게 하는 신경전달물질(세로토닌)을 생성하는 신경세포체의 밀도도 높아집니다.

상대를 보거나 상대의 말을 들을 때도 중간전전두엽에 집중하며 바라본다면 어색함이 훨씬 덜해 비교적 편안하게 볼 수 있을 것입니다. 십자가를 그냥 보는 것과 중간전전두엽에 집중하고 보는 것은 매우 다른 경험이 될 수 있습니다.

저는 개인적으로 '세상 죄를 지고 가는 하나님의 어린양' 이미지를 떠올리며 중간전전두엽에 집중합니다.[18] "믿음의 주요 또 온전하게 하시는 이인 예수를 바라보자"(히 12:2a)는 가르침을 실천하는 것이죠. 그때마다 마음의 깊은 안도감과 은혜 그리고 감사와 기쁨을 경험합니다.

인간의 오감 중 사람에게 가장 큰 영향을 미치는 것이 시각입니다. 시각적 이미지만 잘 다룰 줄 알아도 중독과의 싸움에서 유리한 고지를 점유할 수 있습니다. 따라서 중간전전두엽에 '하나님의 어린양 예수' 이미지를 떠올리고 가만히 바라볼 수 있다면—이를 저는 전전두엽 응시라고 합니다—갈릴리 바다의 폭풍 같은 중독 감정을 잠잠케 할 수 있죠. 알코올 중독자가 잘 견디다가 술집 앞을 지나가게 되

---

17. http://dongascience.donga.com/news.php?idx=-5371043
    미국 위스콘신대학교의 리처드 데이비슨 감성뇌과학연구소장은 뇌파측정(EEG)과 기능성 자기공명영상(fMRI)을 통해 집중 훈련만으로도 왼쪽 전전두엽이 활성화된다는 것을 발견했다.
18. 이미지는 TV스크린과 같은 전대상회에 떠오르는 것이다.

거나 포르노 섹스 중독자가 별 생각이 없다가 인터넷에서 야한 이미지를 보면 중독적 갈망이 갑자기 일어나게 됩니다. 무엇을 생각하고 있느냐, 특히 무엇을 상상하고 있느냐는 '무엇을 보고 있느냐'이기도 합니다. 중독 갈망은 이런 시각적 자극에서부터 시작됩니다. 따라서 중독 치유와 회복 과정에 시각 훈련은 절대적인 것입니다. 제가 개인적으로 유혹이나 중독 갈망을 느낄 때 '어린양 예수' 이미지에 집중하는 이유이기도 합니다. 그래서 매일 잠자리에 들거나 깨어날 때도 중간전전두엽 집중 훈련을 꾸준히 합니다.

오순절날 성령이 임하며 베드로가 열한 사도와 같이 서서 소리를 높여 "하나님이 말씀하시기를 말세에 내가 내 영을 모든 육체에 부어 주리니 너희의 자녀들은 예언할 것이요 너희의 젊은이들은 환상을 보고 너희의 늙은이들은 꿈을 꾸리라"(행 2:17)라고 말합니다. 여기 환상은 하나님이 주시는 거룩한 상상입니다. 그렇다면 상상력을 활용해 '세상 죄를 지고 가는 하나님의 어린양 예수'를 바라보는 것도 거룩한 상상이죠.

그리스도인들은 늘 상상 속에 살면서도 정작 신앙생활에 활용하는 데 거부감을 느끼는 경향이 있습니다. 개인적으로 신앙생활이나 중독 치료에 중간전전두엽을 통한 '어린양 예수 바라보기'를 적극적으로 활용하여 임상적으로 큰 효과를 거두기도 했습니다. 뿐만 아니라 '어린양 예수 바라보기'는 통합의 뇌를 만들어 가는 훌륭한 방법이기도 합니다.

뇌 과학자들은 중간전전두엽이 활성화됨으로써 뇌가 통합되는 방향으로 새롭게 성장하면 그 결과 공감 뇌 영역도 활성화된다고 합니다. 공감은 인간이 경험할 수 있는 최고의 행복이며 인생의 의미라고 합니다.

한 율법사가 예수를 시험하여 묻자 "예수께서 이르시되 네 마음을 다하고 목숨을 다하고 뜻을 다하여 주 너의 하나님을 사랑하라 하셨으니 이것이 크고 첫째 되는 계명이요 둘째도 그와 같으니 네 이웃을 네 자신 같이 사랑하라 하셨으니 이 두 계명이 온 율법과 선지자의 강령이니라"(마 22:37-40)라고 하셨습니다. 여기서 하나님 사랑, 자기 사랑, 이웃 사랑 이 세 가지 사랑을 말씀하셨는데, 이는 모두 공감을 기본으로 하고 있다고 생각합니다. 최고의 황금율인 "그러므로 무엇이든지 남에게 대접을 받고자 하는 대로 너희도 남을 대접하라 이것이 율법이요 선지자니라"(마 7:12)라고도 말씀하시는데 이또한 상대의 입장에 서서 생각하고 느끼는 공감 없이는 불가능한 것이죠. 개인적으로 뇌 과학자들이 말하는 뇌 통합의 원리와 예수님의 가르침이 일치하는 것은 매우 의미심장한 부분이라고 생각합니다.

실제로 아무리 공감 훈련을 해도 중간전전두엽이 활성화되지 않으면 공감을 할 수 없습니다. 사이코패스를 포함한 반사회적 인격장애자들의 뇌 특징은 중간전전두엽, 특히 공감 뇌 영역이 거의 활성화되지 않는다는 것입니다. 이에 대해 자세히 알고 싶으면 제임스 팰런 James Fallon 박사의 《괴물의 심연》이라는 책을 읽어 보세요.

뇌와 마음 그리고 삶은 상상을 초월할 정도로 밀접한 관계를 가지고 있습니다. 그런 점에서 중독은 마음과 영적인 문제이며 동시에 뇌의 문제이기도 합니다.

이 외에 뇌 훈련과 관련해 몇 가지 나누고자 합니다. 첫 번째는

'운동'입니다. 운동이 뇌에 미치는 긍정적인 효과에 대해 다양한 연구보고서들이 계속 발표되고 있습니다. 영국 케임브리지대학교의 신경과학자인 대니얼 월퍼트Daniel Mark Wolpert 교수는 "뇌는 생각하거나 느끼기 위해서가 아니라 몸의 움직임을 조종하기 위해 진화했다"라고까지 말합니다.[19] 그 근거로 멍게는 유생 때 뇌와 신경계를 가지고 바다 안을 헤엄쳐 돌아다니다가 특정 시기가 되면 바위에 달라붙는데, 그때 뇌와 신경계를 분해, 섭취하여 제거한다는 것입니다. 뇌는 크기에 비해 가장 많은 에너지를 소모하는 곳인데, 인간의 경우 2퍼센트의 뇌가 25퍼센트의 에너지를 사용합니다. 따라서 움직일 필요가 없게 되면, 뇌라는 사치를 부릴 필요가 없다는 것입니다. 참 흥미롭습니다.

뇌가 몸의 일부이기에 신체적 운동을 하지 않으면 뇌의 근육인 뇌신경도 줄어들게 되겠죠. 여러 학술보고서에 따르면 '뇌를 활성화시키는 데 규칙적인 신체활동만큼 뇌의 활력을 긍정적으로 끌어올리는 것은 없다고 합니다. 일주일에 3-5회 20분씩을 꾸준히 걸으면 '뇌유래신경영양인자'가 꾸준히 나와 뇌신경 세포를 재생시키고, 서로 활발하게 연결시켜 소통케 하고, 조화로운 화음을 회복recovery시켜 줍니다. 사람은 25세 이후부터 몸의 근육량[20]이 줄어드는 것과 같이 뇌도 0.5퍼센트씩 줄어 노년이 되면 기억력의 뇌인 해마가 감소하고 치

---

19. https://www.ted.com/talks/daniel_wolpert_the_real_reason_for_brains/transcrip
20. 30대에 최대 근육량에 도달한 후 서서히 감소하게 되고, 50대부터는 매년 1, 2퍼센트씩 근육이 소실되어 70대에는 거의 절반까지 감소한다.

매로 불행한 삶을 살 수도 있습니다. 그런데 매일 걸으면 유전적 요인이 있더라도 치매 발생 위험이 40퍼센트 정도 줄어들죠.

특히 걷기와 같은 운동은 전두엽, 측두엽, 그리고 후두엽을 활성화시켜 대뇌 피질의 억제와 절제 효과를 높여 줍니다. 따라서 변연계의 지나친 활동으로 인한 불안, 우울, 짜증, 분노, 그리고 중독 충동 등을 조절해 줍니다. 움직이지 않고 하루 종일 집에 있거나 한 자리에 앉아 몇 시간씩 컴퓨터 게임만 할 때 부정적인 감정, 특히 짜증이 나는 이유도 여기에 있습니다. 《코스모스》의 저자 천체 과학자 칼 세이건Carl E. Sagan은 "몸을 별로 움직이지 않는 삶은 그 편안함에도 불구하고 우리를 불안정하고 초조한 상태로 만든다"고 했습니다. 도시 문화 중심의 현대사회에서 신경증과 중독 증세가 유독 심해지는 이유는 대부분의 시간을 앉아서 보내는 데 있지 않나 합니다.

뇌가 정상적으로 만들어지지 않는다면 중독을 극복하기는 매우 힘듭니다. 이를 위해 심리적 치료나 약물치료도 필요할 수 있습니다. 그러나 가장 쉽게 실천하면서 효과가 좋은 치료는 걷기, 산책과 같은 운동입니다.

일반적으로 불안이나 우울증을 앓고 있는 사람들은 정상인보다 안와전두피질의 부피가 감소해 있거나 덜 활성화되어 있습니다. 특히 아동학대를 경험한 우울증 환자들의 경우는 안와전두피질 부피가 더욱 두드러지게 감소해 있죠. 아래 사진은 아래쪽에서 찍은 정상인과 우울증 환자의 SPECT[21] 뇌 사진입니다.

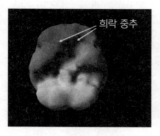
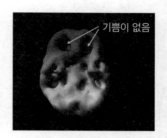

정상인의 안와전두피질   우울증 환자의 안와전두피질

그림 20. 정상인과 우울증 환자의 안와전두피질

안와전두피질은 관계, 기쁨 중추입니다. 영아는 이 안와전두피질을 통해 엄마와 교감한다고 앞에서 소개했죠. 조건 없는 사랑의 기쁨을 경험할 때마다 안와전두피질의 활동이 크게 증가합니다. 그림 20의 뇌 사진에서 보는 바와 같이 우울증 환자의 안와전두피질이 활성화되지 않는 것은 당연한 결과일 것입니다.

그래서 두 번째로 기쁨의 회복입니다. 중독자들은 실상 기쁨이 없는 우울증 환자들이죠. 중독 물질이나 행위는 그 기쁨을 인위적으로 경험해 보고자 하는 '의례화된 강박적 자기 위로'라고 말했습니다. 따라서 중독 치유와 회복에는 기쁨 회복이 절대적입니다. 중독보다 더 기뻐야 중독을 이길 수 있습니다. 안와전두피질을 발달시켜 중독 충동과 갈망을 이길 수 있는 힘을 키워 줘야 합니다. 때로는 정신적, 영적 접근 외에도 항우울증이나 항불안증 약물 같은 '약물보조치

---

21 왼쪽의 건강한 표면 뇌 SPECT 스캔은 완전하고 심지어 대칭적인 활동을 보여 준다. 집중 중에 찍은 오른쪽의 SPECT 스캔은 뇌의 전두엽 피질에서 감소된 혈류와 활동('구멍'처럼 보이는 영역)을 보여 준다.

료'MAT: Medication Assisted Treatment도 함께 진행되어야 하죠.

그럼에도 중독자가 기쁨을 회복하는 것은 결코 쉬운 일이 아닙니다. 오랜 중독 생활을 했던 사람들은 중독 외에는 거의 기쁨의 기억이 없습니다. 또 주변에 반겨 줄 사람도 돌아갈 집도 고향도 없는 분들이 많습니다. 실패를 반복하는 삶에 마음의 어둠만 크죠. 그런데 이런 어둠으로 인해 오히려 빛과 같은 기쁨을 경험할 수 있는 역설이 있는데, 죄인을 언제나 기뻐하시고 환대하시는 예수님이 계시다는 것입니다.

"나는 의인을 부르러 온 것이 아니요 죄인을 부르러 왔노라 하시니라"(마 9:13b). 이것이 복음의 역설입니다. 이 역설로 인해 우리는 주 안에서 기뻐할 수 있고 또 항상 기뻐할 수 있습니다(빌 4:4 참조). 그 이유는 역설적이게도 '죄인'의 모습에서 벗어날 수 없기 때문입니다. 이것만이 회복하고자 하는 중독자들이 누릴 수 있는 유일한 기쁨이며 희망입니다. "죄가 더한 곳에 은혜가 더욱 넘쳤나니"(롬 5:20b).

기독교의 역설은 죄인만 의인이 될 수 있다는 것입니다. 성화가 된다는 것도 역설적으로 오직 은혜로 구원받는다는 진실을 더 깊이 깨달아 가는 긴 과정이라 할 수 있습니다.

중독 치유와 회복 과정도 그와 같죠. 제가 만난 A중독자는 도박 중독으로 상상할 수 없는 후회스런 삶을 살았습니다. 그분은 눈을 감으면 그 모든 생각들이 떠올라 불안해서 잠을 잘 수 없었습니다. 온종일 TV를 보다가 지쳐 쓰러져 잠들어야 비로소 잘 수 있을 정도였으니까요. 어느 날부터 잠자리에 누워 눈을 감은 채 "세상 죄를 지고 가는 하나님의 어린양"을 볼 때마다 안도감과 기쁨, 그리고 감사의 마음이 솟구치기 시작했다고 합니다. 그러던 어느 날 그분이 이렇게 외쳤습니다. "목사님, 기적이 일어났어요. 제가 TV를 끄고도 잠을 잘 수 있어요!"

A중독자는 자신의 울퉁불퉁한 모습 가운데서도 '어린양 예수 바라보기'를 통해 '조건 없는 사랑'을 경험하며 기쁨 가운데 하나님과 꾸준히 친밀감을 쌓아 갔습니다.

세 번째, '감사일지gratitude journal 쓰기'는 중독 치유와 회복에 중요한 학습 과제 중의 하나입니다. 이유는 뇌 전반에 미치는 영향이 크기 때문입니다. 감사를 표현할 때마다 중간전전두엽이 활성화됩니다. 당연히 중독 충동이나 갈망을 이길 수 있는 힘을 주죠. 또한 도파민이 나와 쾌감을 느끼게 하며 동시에 잔잔한 행복을 느끼게 하는 세로토닌이 전대상회를 감싸 평온을 느끼게 합니다. 무엇보다도 사람들에게 친밀감을 느끼게 하고 함께하는 것을 기뻐하는 사회적 뇌가 됩니다. 저는 이런 뇌의 상태가 성령의 열매, 즉 "사랑, 희락, 화평, 오래 참음, 자비, 양선, 충성(성실), 온유, 절제"(갈 5:22-23 참조)로 살아가게 하는 삶이 아닐까 합니다. 이런 상태가 되면 중독에 의존할 이유가 없죠. 단지 치유와 극복의 수준을 넘어, 매우 건강한 사회 일원으로 행복하게 살아가게 될 것입니다. 따라서 중독 치유와 회복에 감사일지 훈련은 매우 중요합니다.

그런데 중독자들이 제일 힘들어하는 것이 감사일지 쓰기입니다. 중독자들의 특징은 그 성격이 의존적인 만큼 자신들의 불행의 원인을 타인이나 외부 상황에서 찾습니다. 그래서 감사하기가 힘듦의 정도를 넘어 분노를 일으키기도 합니다. 그러나 예수님 안에서 중독을 극복하는 사람은 "세상 죄를 지고 가는 하나님의 어린양 예수" 바라보기를 통해 하나님의 은혜를 체험합니다. 중독이라는 허물 가운데 허덕이는 자신의 모습을 용서하시는 하나님의 은혜를 통해 감사함이 회복됩니다. 데살로니가전서 5장 16−18절 말씀의 순서를 조금 바꿔 말하면 "쉬지 말고 기도하라 항상 기뻐하라 범사에 감사하라"라고 할 수 있죠. 여기에서 기도는 '어린양 예수 바라보기'라고도 말할 수 있습니다.

중독 치유와 회복은 하나의 학습 과정입니다. 학습 과정은 제일 먼저 작업기억working memory을 통해 일어납니다. 작업기억은 일시적 기억장소로 장기적 기억이 되기 전에 작업하는 장소입니다. 여기서 떠오른 정보들에 주의를 집중하고 조절하여 실행을 합니다. 뇌의 여러 부분들이 함께 작업하지만 전전두엽, 특히 복외측 전전두피질에서 주로 이루어지는 것으로 알려져 있습니다.

여기서 떠오르는 정보란 의식 또는 무의식적 생각으로 기존 정보에 의존해 있습니다. 따라서 변화를 가져오려면 외부로부터 새로운 생각이 개입되어야 합니다. 구체적으로 말하면 중독적 생각들이 일어나기 전에 작업 기억을 선점할 수 있는 생각들이 있어야 하고, 중독적 생각이 자리를 차지한다고 해도 그와 대응할 수 있는 생각이 있어야 한다는 것입니다.

그래서 네 번째로, '성경 암송과 묵상 그리고 시 암송'입니다. 새로운 생각을 일으킬 수 있는 새로운 언어를 직접적으로 학습하는 것입니다. 중독자들은 자신에 대한 부정적인 생각이 많아 지나칠 정도로 자의식이 강한 사람들입니다. 늘 무언가를 의식하고 생각이 많아 마음이 항상 복잡하죠. 생각을 바꿔야 하는데 그게 생각보다 어렵습니다. 보이지 않기에 구체적으로 통제할 수 없기 때문입니다. 그러나 상대적으로 언어는 볼 수 있어서 통제하기가 쉽습니다. 따라서 중독 생각과 갈망을 바꾸려면 새로운 언어를 작업기억 속에 저장시키는 훈련이 필요합니다.

K자매는 여러 종류의 중독을 동시에 갖고 있었던 전형적인 중독자였습니다. 스스로 신앙으로 이겨 보고 싶은 마음이 강해서 상담 초기부터 기존 중독 치유 방법과 더불어 성경 암송과 묵상 훈련을 함께 할 수 있었습니다. 꾸준히 회복 일지를 써 나갔죠. 일지의 일부를 소개하면 다음과 같습니다.

일하다가 휴식시간이 되면 안절부절못하게 되는데 이 시간에 뭘해야 할지 모르기 때문이다. 무료해서 어쩔 줄 모르다가 순간적으로 일어나는 시각적 자극이나 생각의 충동에 이끌려 후회스러운 일들을 한다. 그러나 말씀을 암송하기 시작하면서 빨리 끝나는 휴식 시간이 오히려 아쉽게 됐다. 신기하게도 쉬지도 않았는데 잘 쉰 것같이 재충전되었다.

끝도 없던 조급함과 짜증도 없어졌다. 받아들이고 견디는 힘이 세진 것 같다. 강박적인 생각들도 많이 없어졌다. 하나님께 맡길수 있었다. 목사님이 몇 달 전에 신의 행세하기를 내려놓으라고 하시며 그것이 중독의 뿌리라고 하셨는데 그 의미가 무엇인지 오늘 깊이 다가왔다. "하나님이 내 삶에 하나님이 되게 하라. 그것이 영성의 시작이다"라는 말씀도 드디어 이해가 된다.

매 순간을 있는 그대로 충실하게 머물고 즐길 수 있어서 좋다. 말씀하고만 함께한다면 유혹을 이길 수 있을 것 같은 확신과 안도감이 든다. 감사하다.

저는 개인적으로 하나님 말씀은 생각하듯 묵상하는 것이 아니라고 생각합니다. 원래 묵상의 원어는 되새김질을 뜻하죠. 그것은 암기를 전제로 가능한 것입니다. 그렇게 암송하는 과정은 늘 작업 기억을 선점하게 합니다. 또 되새김질을 통한 묵상은 장기 기억이 되어 중독적 생각을 대신하게 됩니다.

같은 이유에서 시 암송도 성경 암송만큼 중독 치유와 회복에 큰 역할을 합니다. 둘은 서로 다른 맛을 내는데 신앙이 없거나 신앙생활에서 도움을 받지 못하는 분들에게는 시를 먼저 암송하고 음미할 것을 추천합니다. 시인들은 누구 못지않게 상처가 많은 사람들이죠. 그럼에도 그들이 중독에 쉽게 빠지지 않는 이유는 상처에 오히려 칼질을 하여 흐르는 피로 시라는 꽃(승화)을 피우는 사람들이기 때문입니다. 시를 읽고 음미하는 과정에서 억압됐던 감정들이 시인의 대리체험을 통해 재현되어 분명해집니다. 또 발산되는 과정에서 정화되고 정신적 안정감이 회복되며 새로운 인식들이 생기기도 하죠.

시는 사람을 울리고 응원하며 살리는 힘이 있습니다. 저는 시 암송을 위해 "외우고 싶은 名詩 50편"[22] 카드를 사용합니다. 우울증과

---

22. 시암송국민운동본부의 대표를 맡고 있는 문길섭 씨가 공급하는 카드는 joywriting@hanmail.net 혹은 010-8623-4115로 직접 연락하면 구할 수 있다.

같은 공존 질환이 있는 중독자일 경우 큰 도움이 될 수 있죠. 한 주에 한두 편을 암송하고 음미하도록 권면하며 상담할 때 의미 있는 내용을 함께 나눕니다.

저희 교회에서는 '미용감사' 훈련을 합니다. 사람들은 생각보다 '미안합니다. 용서하세요. 감사합니다. 사랑합니다'라는 말을 자주 사용하지 않습니다. 그런데 우리가 의식적으로 이 말들을 자주 하다 보면 뇌는 상황과 상관없이 이 말들에 긍정적인 반응을 하게 됩니다. 어렵고 곤란한 상황 속에서 이 말들을 되뇌이다 보면 어느새 마음이 평안해지는 경험을 하게 되죠. 언어로 뇌를 훈련해 보는 가장 간단하지만 쉽게 경험해 볼 수 있는 방법 중의 하나입니다.

하이데거가 "언어는 존재의 집"이라고 할 때, 여기에서 언어는 일상적인 언어라기보다는 거룩한 언어로 새로운 세계관과 존재자가 되는 언어를 뜻합니다. 성인이 된 후 신경계에 가장 큰 영향을 주는 것은 중추언어신경계입니다. 이런 새로운 언어들은 뇌의 언어신경계에 변화를 일으켜 중독을 극복하는 데 큰 힘이 될 것입니다.

상처와의 재결합과 치유

중독 치유와 회복 과정을 돕는 중에 가장 기쁜 일은 든든한 자기대상 회복을 통해 안정애착이 회복되는 것을 바라보는 것입니다.

주 양육자는 내재화되어 후에 우리의 일부로 경험하게 됩니다. 이런 분을 하인즈 코헛은 '자기대상'이라 부르는데, 자기대상으로부터 '조건 없는 사랑'을 받고 자라게 될 때 아이는 평생 젖줄이 될 수 있는 안정애착을 갖게 됩니다. 이 젖줄에 대해 박완서 선생은 마지막 수필인《못 가본 길이 더 아름답다》에서 이렇게 말합니다.

> 이 나이에, 머지않아 증손자 볼 나이에도 지치거나 상처받아 잠 못 이루는 밤이면… 내 시름에 겨워 엄마, 엄마를 연거푸 부르 면 끝도 없이 옛날 생각이 나고, 이야기가 이야기를 부르면서 마음이 훈훈하게 젖어오면 오그려졌던 몸이 펴진다. 이 몸이 얼마 나 사랑받은 몸인데. 넘치게 사랑받은 기억은 아직도 나에겐 젖 줄이다.[23]

제 어머니도 돌아가시기 며칠 전부터 병상에서 가끔 어린아이처 럼 엄마를 간절히 부르셔서 신기했었는데, 이미 증손자까지 둔 어머 니에게도 엄마는 젖줄이었나 봅니다.

대부분의 중독은 박완서 선생의 엄마 같은 젖줄(자기대상)의 부재 에서 오는 것이죠. 부조리한 세상을 그런 젖줄 하나 없이 살아가야 하는 모습을 상상해 보십시오. 어디에서 위로와 견디는 힘을 얻을 수 있겠습니까? 중독은 당연한 수순이 아닐까 합니다.

영성가 헨리 나우웬은《두려움을 떠나 사랑의 집으로》에서 고통 과 두려움 가득한 이 시대를 두고 "집이 없다"는 표현을 씁니다. '집' 은 안전함, 보호와 사랑을 느낄 수 있는 공간인데 현대인들에게는 그 런 안전한 집이 없다는 것이죠. 안전한 곳은 인큐베이터와 같아서 기

---

23. 박완서,《못 가본 길이 더 아름답다》, p. 193.

적 같은 치유와 회복 그리고 성장을 가져다줍니다.

이와 같은 치유의 기적이 '알코올 중독자 모임'에서 일어났답니다. 한때 알코올 중독자였다가 회복 후 목사가 되어 알코올 중독 치료에 헌신한 임효주 목사는 A.A.를 동병상련의 영적 교류라고 정의합니다. "같은 병을 가진 사람들이 다른 사람에게 자기의 병에 대하여 얘기하고 또 상대방의 얘기를 들어주며 서로를 위로하는 것이다. 이것이 전부이다."[24]

이 모임의 사람들은 서로 공감하며 있는 그대로를 받아 줌으로 거짓과 위장의 가면을 쓰는 것이 아무런 의미가 없다는 것을 스스로 깨닫게 하여 자신에게 정직하고 진솔할 수 있도록 돕습니다. 서로에게 적절한 거리를 두어 스스로 자신의 행동과 그 결과를 맛보며 보다 책임감 있게 살 수 있도록 지지해 주죠.

참된 친밀감은 가까우면서도 서로의 공간을 존중해 주는 것입니다. 친밀감으로 치유의 능력이 나타나고, 동시에 거리 둠으로 삶의 책임감과 초월적인 치유의 힘이 임하는 시간이기도 합니다. 함께 있으면 함께 있어서 기쁘고, 혼자 있으면 혼자 있어서 평온한 상태가 안정애착을 획득한 사람들의 내면세계입니다. 이것이 중독에서 해방될 수 있는 참된 친밀감입니다.

영혼과 영혼이 결속되고, 변화가 일어나는 안전한 곳이 교회 공동체여야 하는데,[25] 슬프게도 그렇지 못한 경우가 많습니다. 그런 점

---

24. 《어느 알코올 중독자의 죽음》, p. 116.
24. 《어느 알코올 중독자의 죽음》, p. 116.
25. 래리 크랩, 《지상에서 가장 안전한 곳》, p. 23.

에서 '어린양 예수 바라보기'에 더욱 희망을 둡니다. 예수님이 세상에서 제일 안전한 분으로 경험되기 때문이죠. 예수님을 믿고 '거듭난' A성도의 치유와 회복 과정에서 이 기적을 보았습니다.

꾸준히 '어린양 예수 바라보기'를 해서 회복 중이던 A성도가 어느 날, 아픈 아내를 위해 예배당에서 기도할 때였습니다. 그는 마치 박완서 선생이 엄마를 부르듯 주님을 외치며 울고 있었습니다. 한참을 기도하고 나오던 그의 얼굴은 맑아 보였습니다. 그 후 상담시간을 통해 알게 된 것은 예수님이 이제 그분에게 젖줄이 되셨다는 것이었습니다. 다시 태어나서 좋은 엄마를 만나야 가능한 안정애착을 주님과의 관계 가운데 획득한 것입니다. 제가 기적이라고 한 이유는 예수께서 "사람이 거듭나지 아니하면 하나님 나라를 볼 수 없느니라"고 하셨을 때 니고데모가 "사람이 늙으면 어떻게 다시 태어날 수 있습니까? 두 번째 모태에 들어갔다가 날 수 있습니까?"(요 3:3-4 참조)라고 반문했던 불가능이 A성도에게서 일어났기 때문입니다. 성인이 되어 얻은 안정애착을 획득 안정애착이라고 하는데, A성도는 하나님과의 관계를 통해 얻은 것이죠. 이것이 바로 중독으로부터의 온전한 해방 과정입니다.

하나님과의 관계를 통해 얻은 획득 안정애착은 우리의 상처를 돌아볼 수 있는 힘을 갖게 합니다. 아동심리학자 엘리스 밀러는 우리의 어릴 적 진실은 우리 몸속에 고스란히 저장되어 있어 우리가 진실을 외면하기를 멈출 때까지 몸은 우리를 끊임없이 고문할 것이라고 경고하였습니다. 사랑을 준다는 것은 누군가에게 받은 사랑을 주듯이, 상처를 준다는 것 또한 누군가에게 받은 상처를 주는 것뿐입니다. 모르고 있을 뿐!

드라마 작가인 노희경 씨는 《지금 사랑하지 않는 자, 모두 유죄》에서 "어른이 된다는 건/ 상처 받았다는 입장에서/ 상처 주었다는 입장으로 가는 것/상처 준 걸 알아챌 때/ 우리는 비로소 어른이 된다"고 말합니다. '우리'는 주는 상처가 받은 상처라는 것을 알아채고 그 것을 온전히 소유하고 있는[re-solution] 성인을 뜻하죠.

강원도 광산촌에서 아동(여성)학대 가운데 성장해 국어 선생까지 된 김혜련 작가는 자신의 회복일지를 "오십여 년의 긴 여정 끝에 나는 '집으로' 돌아왔다"로 시작합니다.

> 집에 대한 사유는 어이없게도 오십 평생을 집 없이 떠돈 뒤에 왔다. 집 없이 떠돌면서도 그 사실을 까맣게 모른 채 아무 생각 없이 이 집 저 집을 전전한, 오랜 시간 뒤에 왔다. 집으로부터 멀리 떠나 떠돌이의 자유와 '자아실현'이라는 현대인에게 주어진 위대한 과업(?)을 마음껏 추구하고, 그 이면의 쓰디쓴 맛 또한 톡톡히 본 뒤에 왔다. 마치 돌아온 탕자와도 같이 떠났던 그 자리에 돌아와 회한의 눈물을 흘리며 그동안 내가 했던 짓이 무엇이었을까, 불면의 밤에 홀로 자기와 대면하며 독백하는 이의 물음 같은 것.[26]

저 또한 '집으로' 돌아가 저를 방치하는 듯한 아버지의 쓸쓸한 뒷모습에서 저를 슬퍼하시는 것을 보았습니다. 그리고 그곳에서 뜻밖

---

26. 《밥하는 시간》, p. 18.

에 서로에 대한 애틋한 사랑을 발견했습니다. 이미 고인이 되셔서 아버지와 함께 좋은 추억들을 만들 수는 없었지만 '집으로' 가는 길에는 땅 속에 깊이 묻힌 보배처럼 '예기치 못한 기쁨'Surprised by Joy이 숨겨져 있었습니다. 전부 나쁜 것만은 아닙니다. 그런 인생은 없습니다. 아픔도 있지만 기쁨도 있습니다. 중독 치유와 회복에는 앞에서 소개한 다양한 치료와 더불어 전문가와 함께 '집으로'의 여정도 동행되어야 할 것입니다.

3

영성의 길, 일상 속으로

의사가 저희 가족을 불렀습니다. 어머니가 곧 소천하실 것 같다고 인사를 드리라는 것이었죠. 어머님은 의식이 없으셨지만 좋아하시던 찬송가를 부르고 기도도 했습니다. "사랑해요, 고맙습니다, 수고하셨습니다"라는 말씀을 드렸습니다. 얼마 안 있으면 우리도 어머니를 따라 막내와 아버지가 계신 하나님 나라에서 뵙게 될 것이라는 마지막 인사도 드렸습니다. 소천하시기까지는 시간이 좀 걸릴 것이란 의사의 말에 가족은 장례 준비를 위해 떠나고 저 혼자 자리를 지키게 되었습니다.

기도 중에 이상한 느낌이 들어 고개를 들어 보니, 어머니의 맥박이 정상으로 돌아오기 시작했습니다. 어머니가 눈을 뜨시더니 저에게 하신 첫 마디가 "예수님은 인간이 아니야. 예수님은 하나님이야"였습니다. 그렇게 시작해서 일주일 동안 의식이 오고 가던 중 많은 메시지를 전해 주셨죠.

그때 제가 교회 장소를 구입해 놓고 인테리어를 한창 하고 있을 때였습니다. 평생 저를 위해 기도하셨던 분이기에 첫 예배에 꼭 모시고 싶었습니다. 그래서 병상에 계실 때 종종 "어머니, 조금만 더 견뎌요. 휠체어에 태워서라도 첫 예배드릴 수 있게 해드릴게요" 하면, "아, 그래 그래. 내가 그렇게 기도했던 교회에 가 보고 싶어"라고 하시며 얼굴이 밝아지셨죠.

그런데 돌아가시기 바로 전날 "어머니, 내일모레면 우리 교회 입당 예배드려요. 그때 같이 예배드리는 겁니다"라고 말씀드리니 갑자기 단호하게 "안 갈란다" 하시는 거예요. 당황해서 이유를 물었더니 "얘, 천국이 낫지. 네 교회가 낫니? 나는 천국 갈란다"라고 말씀하셨습니다. 그때 제가 어머니에게서 느낀 것은 자유였습니다. "그러므로 아들이 너희를 자유롭게 하면 너희가 참으로 자유로우리라"(요 8:36).

"참 자유하시네요!"라는 말에 어머니는 "하늘 문이 열리고, 주님께 환대받았어"라고 응답하셨습니다. 그 신비로운 말은 저에게 황홀한 환상을 만들어 주었죠. 눈을 감고 주님을 바라보면 "웰컴 홈!" 하며 "그동안 수고했다"고 환대해 주시는 주님의 환상 말입니다. 이제 그 환상은 저에게 눈만 감으면 깊은 안도감과 기쁨 그리고 세상의 속박으로부터 '해방'시켜 주는 신비한 환상이 되었습니다.

말기 암을 앓고 계셨던 H성도가 기도를 받고 싶다고 하셔서 약속 날짜를 잡았습니다. 그런데 당일이 되어서 아무 연락도 없이 나타나지 않았습니다. 1년이 훨씬 지난 어느 날, 노란 메모지와 인쇄물 한 장을 받았습니다. 그 메모에는 H성도의 남편이라는 것과, 만나기로 한 날 병이 악화되어 호스피스병원에 입원하게 되어 올 수 없었다는 것, 그리고 오늘이 1주기라는 내용이 담겨 있었습니다. 그리고 인쇄물은 H성도의 병상 간증문이라는 설명도 있었습니다.

언젠가는 내게도 오겠지, 그저 막연하게 생각하고 있었는데 그 날이 지금 내게 가까이 오고 있네요. … 죽음이 주는 메시지가 분명합니다. 이 세상이 전부라고 생각했던 환상이 벗겨지네요. 죽음을 직시하니 내 자신에게서 해방이 돼 자유를 느끼게 됩니다. 죽음은 '장벽'이 아니라 새로움을 열어 주는 '문'입니다. …
내 안에 쌓여 있던 쓴 뿌리나 상처, 불만 같은 것들이 눈 녹듯이 녹아 내렸습니다. 그동안의 어려움은 이곳에 오기 위한 과정이었다고 생각하게 됩니다…. 저 따사로운 햇살과 나뭇가지를 흔드는 저 바람도 하나님의 임재를 알리고 있지요. 아침이 오고 저녁이 오는 것이, 꽃이 피고 비가 내리는 것이 하나님의 통치를 보여 주고 있습니다. 지금 잠시 겪는 고난은 내가 돌아가야 할 본향으로 끌어올리는 준비 과정입니다. 고맙습니다, 주님!

하나님과 본향의 환대, 이보다 우리를 세상의 얽매임에서 온전하게 해방시켜 줄 수 있는 것이 있을까요?

H성도 역시 죽음의 문턱에서 영원한 집, 본향의 환대 속에 하나님의 임재와 은혜가 주는 풍성함을 경험하며 육신의 고통으로부터도 '해방'을 누리게 된 것입니다.

우리는 생각보다 더 깊게 세상에 얽매인 채 노예 신분으로 살아가고 있습니다. 물리적인 대상, 그것이 사람이든 물질이든, 그것들의 성과물에 의존해 존재감을 확인하고 희비애락의 롤러코스터를 타며 살아갑니다. 그것이 중독의 원인입니다. 중독으로부터의 온전한 해방은 죽음의 문턱을 넘어 본향의 환대 속에 오늘을 살아가는 삶에서 오는 선물이라고 생각합니다. 영생에서 세상을 소풍으로 볼 수 있다면 중독의 독성에 결코 감염되지 않을 것입니다.

> 나 하늘로 돌아가리라/ 새벽빛 와 닿으면 스러지는/ 이슬 더불어 손에 손을 잡고, // 나 하늘로 돌아가리라/ 노을빛 함께 단둘이서/ 기슭에서 놀다가 구름 손짓하면은, // 나 하늘로 돌아가리라/ 아름다운 이 세상 소풍 끝내는 날, // 가서, 아름다웠더라고 말하리라[27]

20세기 최고의 철학자 중에 한 사람인 하이데거는 '사람이 죽는다'는 것은 더 이상 의심할 수 없는 분명한 명제라고 합니다. 그래서 '죽음'이라는 확실성에서 자신의 철학을 구축합니다. 그리고 뜻밖에 죽음의 관점에서 보니 살아 있는 것들에 대해 신비로움과 성스러움을 느끼기 시작했다고 하는데 이런 자세로 살아가는 것을 그는 '시적 태도'라고 부릅니다.

하이데거는 실용주의적인 기술자와 경영인들을 양산하는 현대 교육과 과학기술 시대의 폐해를 보았죠. 그는 현대과학의 근저에서는 사물들을 지배하려는 의지가 작용하고 있고, 그런 관점에서 사물들을 고찰한다는 사실을 간파합니다. 이로 인해 현대인들은 소외감

---

27. 천상병, 〈귀천〉(歸天)

과 고독감 그리고 허무감에 빠지게 되고, 이를 해결하기 위해 오락과 향락에 탐닉하게 됩니다. 하이데거는 시적 태도를 가지고 지상에 거주하는 것에서 해결책을 모색합니다. '지상의 모든 인간과 사물의 성스러운 신비를 경험하면서 산다'는 것은 인간만의 소명이며, 이러한 소명에 따라 살 경우에만 인간의 삶에 참된 기쁨이 주어질 수 있다[28]고 말하지요.

이런 시적 태도를 회복한다면, 모든 존재가 중독적 욕망과 탐욕의 대상에서 외경畏敬과 진정한 사랑의 대상으로 전환될 것입니다. 보다 아름다운 세상으로 충만해지고 음미吟味의 기쁨과 감사의 세상이 열리게 될 것입니다. 그것이 중독으로부터의 진정한 회복이며 영적 회복입니다. 어느 날 회복 중에 있던 포르노 중독자가 이런 고백을 했습니다. "선생님, 제게는 눈에 들어오는 모든 여성이 하나의 포르노였어요. 어떻게 그럴 수가 있었는지 참으로 당황스럽네요. 오늘 처음 그것을 깨달았어요. 저는 여성뿐만 아니라 모든 것을 오직 나의 목적 의식과 욕망의 대상으로만 본 것 같아요. 그런데 오늘 오면서 놀랍게도 하늘이 보였어요. 황홀할 정도로 아름다웠어요. 참으로 오랜만에 보는 푸른 하늘이었죠. 행복했어요."

시적 태도와 음미가 회복되면 소소한 일상과 자연에서 아름다움을 깊이 맛보고 느낄 수 있게 됩니다. 중독 문제로 6개월 정도 상담을 받은 C선교사님은 다시 선교지로 돌아가야 했습니다. 그곳 사람들은 주말이면 통나무로 지은 집과 텃밭이 딸린 농장에서 기거하며

---

28. 박찬국 교수, 《삶은 왜 짐이 되었는가: 서울대 박찬국 교수의 하이데거 명강의》

농사를 짓고 휴식을 취합니다. 그래서 그분께 주일 저녁부터 화요일 저녁까지 가족과 함께 그곳에서 농사짓기를 권면하고 선교기관에 그 감독을 맡겼습니다. 3년 후 건강한 모습으로 다시 만났을 때 농장 경험이 어떻게 도움이 되었느냐고 물었습니다. 그는 김혜련의《밥하는 시간》이 자신의 마음과 같았다고 합니다.

> 어리석게도 나는 무언가를 이루겠다고 허공 위를 질주하다가 어찌 해볼 수 없는 삶의 허공에 부딪히고 또 부딪히면서 깨닫고 있는 것이다. 내가 내팽겨친 것이 삶을 받쳐 주는 가장 근원적인 것이었음을, 너무도 당연해서 물음조차 던지지 않았던 근원의 영역, 그것은 집이며 밥이고 몸이며 땅이고 생명이다.[29]

모든 것과 의미 있게 재연결되어, 삶의 새로운 가치를 음미하는 자는 동병상련의 마음으로 고통받는 자들과 함께하며 의미 있게 자신을 헌신합니다. 사람들은 누구나 가치 있는 존재, 쓸모 있는 존재가 되고 싶어 합니다. 중독자들에게는 자기 자신이 무가치한 존재, 쓸모없는 존재라는 신념이 깊게 자리하고 있습니다. 그러나 회복의 경험을 통해 그 누구보다 가치 있고, 의미 있는 자리로 돌아오게 되지요.

C학생은 중학교 2학년 때 게임 중독에 빠져 무기력한 생활을 하다 환경을 바꾸기 위해 말레이시아 난민촌으로 두 달간 교육봉사활

---

29. 《밥하는 시간》, p.18.

동을 갔습니다. 그곳 아이들이 '선생님, 선생님' 하며 매우 따랐죠. 학교에서는 문제아로 취급당했는데 아이들의 눈 속에서 자신의 가치와 소중함을 발견하고 그 이후 큰 변화를 경험했습니다. 대학생인 지금은 코이카KOICA 대원으로 이디오피아 난민촌에 갔다는 말을 들었습니다. 도움을 주러 갔다가 도움을 받은 경우죠. 사랑하러 갔다가 사랑받는 사람이 되어 자신을 사랑하게 되었습니다.

K성도도 동일한 경험을 했죠. 도박 중독으로 모든 것을 잃고 가족마저 포기할 무렵 만나게 되었습니다. 중독 치료차 의료선교단을 따라 아프리카의 가장 오지인 곳, 도박으로부터 완전히 차단된 곳에서 세 달을 선교하다 큰 회심을 경험하게 되었죠. 스스로 쓰레기 같은 인간이라고 생각하다가 그곳에서 자신의 작은 손길에도 행복과 희망을 느끼는 선한 눈길들을 바라보며 자신에 대한 새로운 가치를 발견하게 된 것입니다. 평생 느껴보지 못한 행복감이었다고 합니다. 3개월이 6개월, 6개월이 5년이 되었습니다. 당연히 중독으로부터 자유를 경험했죠. 그곳에서 자신의 새로운 가치와 의미에 눈을 뜨게 되고, 중독이 줄 수 없는 온전한 기쁨의 삶에 어느덧 중간 전두엽이 회복되어 진정으로 이웃과 자신을 사랑하는 영적인 사람이 된 것이죠.

이 책을 시작하며 인생과 중독은 하나의 신비라고 했습니다. 오랜 시간 중독 치유에 중독된 이유가 아마 이런 신비를 경험하기 때문이 아닐까 합니다. 중독자가 성인聖人이 되어 가는 과정을 목도하는 신비는 인간이 경험할 수 있는 가장 큰 희열이 아닐까 합니다. "우리가 알거니와 하나님을 사랑하는 자 곧 그의 뜻대로 부르심을 입

은 자들에게는 모든 것이 합력하여 선을 이루느니라"(롬 8:28). 그
것이 제가 중독으로 아파하는 사람들에 대해 '믿음, 소망, 사랑'을 갖
는 이유입니다.

나 예수 중독자 되어야 하겠다./ 술 중독자는 술로만 살다가/ 술로 인해 죽게 되는 것이고/ 아편 중독자는 아편으로 살다가/ 아편으로 인해 죽게 되나니/ 우리도 예수의 중독자 되어/ 예수로 살다가 예수로 죽자.

위 시는 손양원 목사님의 〈예수 중독자〉 중 일부입니다. 목사로서 당연히 좋아하고 권면해야 할 신앙 고백이지만 오랫동안 제 마음에는 주저함이 있었습니다. 혹시 나를 바리새인과 같은 강박적인 종교 중독자로 만드는 것은 아닐까 하는 우려였습니다. 실상 저는 이미 충분한 종교 중독자였기 때문입니다. 그때 제 삶은 예수님이 약속한 풍성한 삶(요 10:10 참조)보다는 강박과 갈등, 척박 그 자체였습니다.

저는 중독 치유 전문가이자 중독자로서 긴 치유의 과정을 거치며 두 이미지 속에서 해방을 경험했습니다. 첫 번째 이미지는 세상 죄를 지고 가는 하나님의 어린양 예수이고, 두 번째는 눈만 감으면 "수고했다" 말씀하시며 두 팔 벌려 나를 환대하시는 예수님의 이미지였습니다. 두 환상 속에 저와 하나님과의 사랑의 교감affections이 깊어지며 종교 중독은 물론 세상의 중독으로부터도 서서히 해방됨을 체험할 수 있었습니다. 모든 것을 개인적 욕망이나 강박적 틀에 따라 조종하고 통제하려는 투쟁적 삶에서 있는 그대로를 바라보며 수용하고 그 안에 담겨 있는 신비로움을 즐길 수 있는 풍요로운 삶이 시작되었습니다.

흥미로운 것은 이 과정 중 곳곳에 스며 있는 '지금 여기'의 하나님 나라를 맛볼 수 있었다는 것입니다(요 17:3 참조).[1] "포로 된 자에게 자유를, 눈먼 자에게 다시 보게 함을, 눌린 자를 자유롭게"(눅 4:18 참조) 하시는 은혜를 새롭게 경험하게 된 것이죠. '내가 바라보는 것이 내가 된다'라는 표현이 있습니다.[2] 예수 그리스도를 바라보니 어느덧 그분의 자유가 나의 자유가 되지 않았나 합니다. "아들이 너희를 자유롭게 하면 너희가 참으로 자유로우리라"(요 8:36). 그렇게 저는 또 다른 중독, 예수 중독에 빠지게 되었습니다. 그러고 나서야 손양원 목사님이 말씀하셨던 '예수 중독자'의 간절한 마음을 이해할 수 있었죠. 근 20년 만의 긴 우회의 과정이었습니다.

온전한 사랑은 오직 예수님께만 있습니다. 이제 두려움을 떠나 사랑의 집으로 매일 주저함 없이 나아갑니다. 불나방이 불을 찾듯 인간은 기쁨과 행복을 좇는 존재입니다. 본질적으로 기쁨과 행복에 중독된 존재라 할 수 있죠. 인간은 무엇에든지 중독되어야 살아갈 수 있습니다. '자신과 타인을 살리는 중독이냐 혹은 파괴시키는 중독이냐'라는 차이일 뿐입니다. 사람을 살리는 유일한 중독, 예수 중독이 아닐까요?

---

1. "영생은 곧 유일하신 참 하나님과 그가 보내신 자 예수 그리스도를 아는 것이니이다."
2. I become what I behold.

중독과의 이별

Farewell to Addiction

지은이 노상헌
이미지 박문경(moonpark.site)
펴낸곳 주식회사 홍성사
펴낸이 정애주
국효숙 김의연 박혜란 손상범
송민규 오민택 임영주 차길환

2021. 6. 10. 초판 발행   2024. 7. 15. 4쇄 발행

등록번호 제1-499호 1977. 8. 1.
주소 (04084) 서울시 마포구 양화진4길 3
전화 02) 333-5161 **팩스** 02) 333-5165 **홈페이지** hongsungsa.com
이메일 hsbooks@hongsungsa.com **페이스북** facebook.com/hongsungsa
양화진책방 02) 333-5161

ⓒ 노상헌, 2021

ISBN 978-89-365-0375-8 (93230)